박영진 프로의
주말 골퍼 100타 깨기

박영진 지음

가림출판사

 책 머 리 에

    우리나라도 골프 대중화 붐을 타면서 주말 골퍼 수가 상당히 늘어났고 앞으로도 계속 늘어날 추세이다. 주말 골퍼란 회사 생활을 하느라 라운딩을 평일에는 하지 못하고 주말에 가끔 하는 골퍼들을 말한다. 그러나 회원권을 가지고 있지 않는 한 주말에는 골프장을 예약하기가 힘들어 그나마 나가기도 힘든 것이 현실이다. 대부분 주말 골퍼들은 보기 플레이 정도만 했으면 하는 바람으로 연습을 한다. 그러나 사실 골프라는 스포츠는 연습장에서 아무리 노력을 많이 한다고 하여도 라운딩을 나가지 못하면 절대 높은 점수를 기대할 수 없다. 그렇기 때문에 주말 골퍼들이 100타를 깬다는 것은 그리 쉬운 일이 아니다.

    100타를 깰 수 있는 가장 좋은 방법은 쇼트 게임을 충분히 연습하는 것이다. 프로 선수들이 페어웨이 적중률, 그린 적중률이 좋지 않아도 높은 득점을 유지하는 비결은 쇼트 게임을 잘하기 때문이다. 라운드 중 80야드 안에서의 샷들이 전체 타수의 65%를 차지한다. 그렇기 때문에 주말 골퍼들에게는 어프로치와 퍼팅 연습이 무엇보다도 중요하다.

    이 책은 주말 골퍼들이 가장 쉽게 득점할 수 있는 노하우를 알기 쉽게 정리하였다. 이 책으로 주말 골퍼들의 실력이 향상되고 고민이 해결되어 본인이 목표하는 점수를 보다 빨리 이룰 수 있기를 바란다.

    끝으로 어려서부터 골프를 할 수 있게 도와주신 부모님과 가족들에게 감사드리고, 사진을 찍느라 고생한 김준모 프로, 촬영 장소를 제공한 핀크스 골프장, 용품을 협찬해준 테일러메이드 코리아와 G&T 직원분들에게 고마운 마음을 전한다.

2007년 10월
박 영 진

차 례 CONTENTS

책머리에 | 7
헤드업이란 | 12

CHAPTER 01 | 셋업

그립의 종류 | 17
그립에 따른 구질 | 19
그립 잡는 방법 | 21
클럽의 종류에 따른 볼의 위치 | 24
어드레스 방법 | 27
프리샷 루틴 | 30

CHAPTER 02 | 스윙

테이크 어웨이 | 37
백스윙 | 39
백스윙 톱 | 41
다운스윙 | 43
임팩트 | 45
팔로스루 | 47
피니시 | 49

C O N T E N T S

CHAPTER 03 | 장타자가 되기 위한 비결

왼손 그립은 스트롱 그립, 팜 그립으로 잡는다 | 55
스탠스를 넓게 한다 | 57
드로우성 구질로 만든다 | 58
체중 이동을 확실히 한다 | 59
스윙 아크를 크게 한다 | 60
어깨와 손목 힘을 최대한 뺀다 | 62
복부 운동을 하면 거리가 는다 | 63
악력기를 항상 가지고 다닌다 | 64

CHAPTER 04 | 어프로치샷

칩샷 | 69
피치샷 | 73
그린 주변에서 퍼트 칩샷 | 76
내리막 라이에서 20야드 어프로치 | 78
러프에서의 어프로치 | 79
연습장에서의 연습방법 | 81

CHAPTER 05 | 벙커샷

평지에서의 벙커샷 | 85
페어웨이에서의 벙커샷 | 87
내리막 경사에서의 벙커샷 | 89
오르막 경사에서의 벙커샷 | 91
모래에 볼이 묻혀 있을 때의 벙커샷 | 93
벙커샷 연습방법 | 94

차 례 C O N T E N T S

CHAPTER 06 | 트러블샷

볼이 발보다 위에 있을 때 | 99
볼이 발보다 아래에 있을 때 | 101
내리막 경사에 볼이 있을 때 | 103
오르막 경사에 볼이 있을 때 | 105
바람이 불 때 | 107
러프에서 탈출하기 | 111
디봇에서 치는 방법 | 114

CHAPTER 07 | 퍼팅

그립 | 119
백스윙보다 팔로스루를 더 길게 한다 | 121
내리막 퍼팅하기 | 122
훅 슬라이스 경사 | 123
쇼트 퍼팅 연습방법 | 124
방향을 정확하게 하는 방법 | 125
거리감을 익히는 연습방법 | 126
동전을 이용한 연습방법 | 127
그린 읽는 방법 | 128

CHAPTER 08 | 필드 레슨

생크 방지 방법 | 133
뒤땅 방지 방법 | 135
토핑 방지 방법 | 137
코스 매니지먼트 | 139

CONTENTS

파3홀 공략법 | 141
파4홀 공략법 | 142
파5홀 공략법 | 143

부록

❶ 자신에게 맞는 클럽 선택하기 | 146
❷ 룰만 잘 알아도 5타는 줄인다 | 150
❸ 꼭 알고 있어야 할 골프 매너 | 154
❹ 경기 방식 | 156

★ 전국 골프장 주소록 | 158

헤드업이란

> *"누구나 하는 실수는 헤드업이다."*

왕초보들이 라운딩을 나와서 하는 실수에는 여러 가지가 있다. 그 중에 가장 많이 하는 실수가 헤드업이며, 특히 초보자들이 신경 써야 할 부분이다.

헤드업은 머리를 든다는 뜻인데, 머리를 들면서 다음과 같은 수많은 문제점들이 발생한다.

첫 번째, 임팩트 순간 볼을 볼 수가 없게 된다. 사격 할 때 눈을 감고 총을 쏴도 총알은 나가지만 표적에 정확히 맞출 확률은 거의 없다. 이와 마찬가지로 골프를 할 때도 볼을 봐야지만 클럽 헤드로 정확히 볼을 칠 수 있는 것이다.

두 번째, 헤드업이 되면서 머리가 들려 중심축이 무너지게 된다. 어드레스 때에 등축 기울기가 백스윙 톱과 임팩트와 피니시까지 유지되어야 한다. 그런데 헤드업을 하면 머리가 들리면서 몸이 일어서게 되고 등축도 기울기가 없어지면서 수직으로 서게 된다. 머리는 목과 등축과 어깨가 연결되어 있으므로 머리가 움직이면 다른 근육들도 다 따라 움직인다. 그러므로 몸이 들리면 토핑의 원인이 된다.

세 번째, 클럽 헤드보다 몸이 너무 빨리 돌아 슬라이스의 원인이 된다. 볼을 칠 때는 팔과 클럽이 하나가 되어 움직여야 한다. 그런데 헤드업을 하면 몸은 벌써 볼을 치고 난 다음 동작을 하고 있는데, 클럽 헤드는 아직 볼을 맞히지도 못하는 일이 발

> "한 조사결과에 의하면, 프로들도 75%는 임팩트 순간 자신도 모르게 눈을 감는다고 한다. 그렇다면 헤드업이 되더라도 몸의 축이 무너지지 않게 몸에서 느끼지 못할 정도로만 되게 한다."

생한다. 그러면 볼을 맞히는 순간 클럽 헤드가 오픈되어 슬라이스가 생길 확률이 훨씬 높아진다.

사실 헤드업을 전혀 하지 않을 수는 없다. 한 조사 결과에 의하면, 프로들도 75%는 임팩트 순간 자신도 모르게 눈을 감는다고 한다. 그렇다면 헤드업이 되더라도 몸의 축이 무너지지 않게 몸에서 느끼지 못할 정도로만 되게 한다.

골퍼는 볼을 치는 데 집중해야 한다. 그러나 대부분 사람들이 볼이 날아가는 데 집중해서 헤드업과 같은 문제를 일으킨다. 볼이 날아가는 것은 볼을 치기 전에 캐디에게 체크해달라고 부탁하고 볼을 치는 데만 집중한다면 초보자들에게는 가장 쉽게 100타를 깰 수 있는 지름길이 되리라고 확신한다.

제1장 | 셋업

Golf

CHAPTER

1 셋업

Golf

그립의 종류

그립은 골프채와 몸을 연결해 주는 유일한 연결점이다. 그립을 올바르게 잡지 못한다면 완벽한 스윙을 하여도 볼을 똑바로 보낼 수 없다. 그립을 잘못 잡은 상태에서 스윙을 했는데 볼이 똑바로 갔다면 대부분 스윙에 문제가 있는 경우이다.

스윙을 체크할 때 가장 먼저 살펴보아야 할 사항은 그립이다. 프로들은 그립만 봐도 그 사람이 요즘 뭐 때문에 고민하고 있는지 어느 정도는 예상 할 수 있다. 그립을 어떻게 잡느냐에 따라 볼의 구질과 거리가 결정되기 때문이다. 그립만 잘 잡아도 골프 스윙을 쉽게 배울 수 있고 자세도 좋아진다.

❶ 그립과 손가락 사이에 공간이 생기지 않게 타이트하게 잡는다.
❷ 그립을 놓치지 않을 정도의 힘으로 잡는다.

오버래핑 그립

오른손의 새끼손가락을 왼손의 두 번째와 세 번째 손가락 사이에 올려 잡는 것으로 보편적으로 가장 많이 잡는 방법이다. 일반 남성과 손이 큰 여성에게 적합하다.

인터로킹 그립

오른손 새끼손가락과 왼손 두 번째 손가락을 약속하는 것과 같이 끼워 잡는 방법이다. 손가락이 짧거나 힘이 없어 스윙 시 그립이 움직이는 사람에게 적합하다. 골프의 황제 타이거 우즈는 어렸을 적 습관으로 아직까지 인터로킹 그립을 잡고 있다.

베이스볼 그립

야구 방망이를 잡듯이 10개의 손가락을 모두 그립에 닿게 잡는 방법이다. 보통 어린 아이들과, 팔과 손목에 힘이 없고 손이 작은 여성들에게 적합하다.

오버래핑 그립

인터로킹 그립

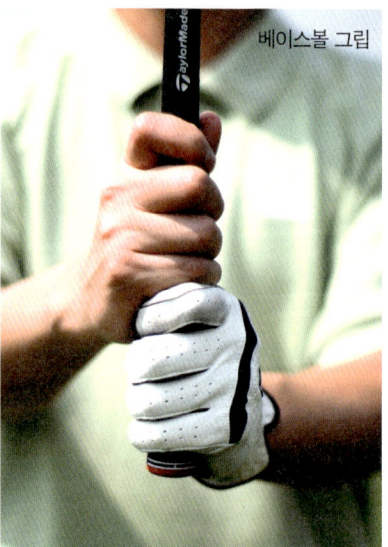
베이스볼 그립

그립에 따른 구질

그립을 어떻게 잡느냐에 따라 볼의 방향과 거리가 결정된다. 100타를 깨려고 하는 아마추어 대부분은 슬라이스와 거리가 멀리 가지 않아 고민을 한다. 그럴 경우 그립만 바꾸어도 쉽게 문제를 해결 할 수 있다. 스트롱 그립으로 잡으면 슬라이스와 거리가 나오지 않아서 고민하는 것이 쉽게 해결된다.

강한(스트롱) 그립

왼손가락의 마디가 3개 정도 보이고 손바닥은 지면을 보게 잡는다. 오른손 그립은 손바닥이 타깃 방향에서 약간 하늘을 보게 하여 임팩트 순간 손목이 로테이션 되는 힘을 최대한으로 만들어 줄 수 있는 그립이다.

강한 그립을 잡으면?
볼을 맞히는 순간 클럽 헤드는 왼쪽을 보게 되어 볼이 왼쪽으로 낮게 날아가게 된다. 그러면 톱 스핀이 생기면서 런이 많아져 볼을 멀리 보낼 수 있다.

중성(내추럴) 그립

왼손가락의 마디가 2개 정도 보이고 오른손 바닥은 볼을 보내고자 하는 타깃 방향을 향하게 잡는다. 강한 그립만큼 파워는 없지만 가장 이상적이고 정확성이 높다.

중성 그립을 잡으면?
볼이 맞는 순간 클럽 페이스가 자신이 보려는 곳과 직각을 이루이 볼이 똑바로 나갈 수 있다.

약한(위크) 그립

왼손가락의 마디가 1개 정도 보이고 손바닥이 하늘을 보게 하며, 오른손 바닥은 지면을 보게 잡는다. 이 그립은 파워가 없고 슬라이스의 원인이 된다.

약한 그립을 잡으면?
볼을 맞히는 순간 클럽 헤드가 오른쪽을 보게 되어 오른쪽으로 휘게 된다. 볼이 높게 뜨고 백스핀이 생겨 거리 면에서 많은 손해를 보게 된다.

그립 잡는 방법

왼손 그립 잡는 방법

왼손 그립은 파워를 낸다. 왼손을 어떻게 잡느냐에 따라 볼이 멀리 나갈 수도 있고 적게 나갈 수도 있다. 왼손 바닥이 지면을 향하게 위에서 아래로 내려 잡아야 항상 일정하게 그립을 잡을 수 있다. 손바닥이 하늘을 보도록 잡으면 그립을 잡을 때마다 클럽 페이스가 움직이게 되어 항상 일정하게 그립을 잡을 수 없게 된다.

위에서 아래로 내려 잡아야 항상 일정하게 그립을 잡을 수 있다.

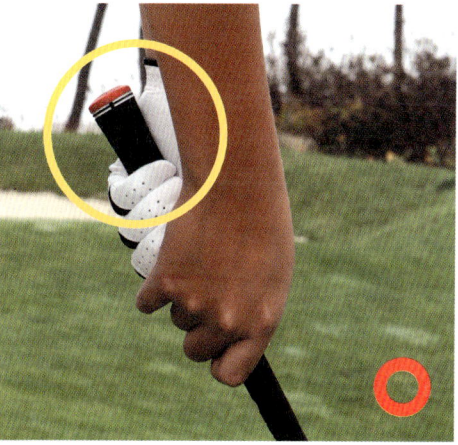

동그란 선 밑으로 내려 잡아야 클럽을 컨트롤하기 쉽다.

오른손 잡는 방법

오른손 그립은 볼의 방향을 컨트롤한다. 중성 그립의 경우 오른손 바닥은 볼을 보내고자 하는 타깃 방향으로 향하게 하여 그립을 잡는다. 3번째, 4번째 손가락의 힘으로 그립을 잡고 엄지손가락과 집게손가락은 힘을 뺀다. 단, 〈사진 1〉과 같이 엄지손가락은 구부러지지 않게 최대한 펴 준다. 집게손가락은 방아쇠를 당기는 모양으로 만들어 〈사진 2〉와 같이 손등과 집게손가락이 일자가 되게 한다.

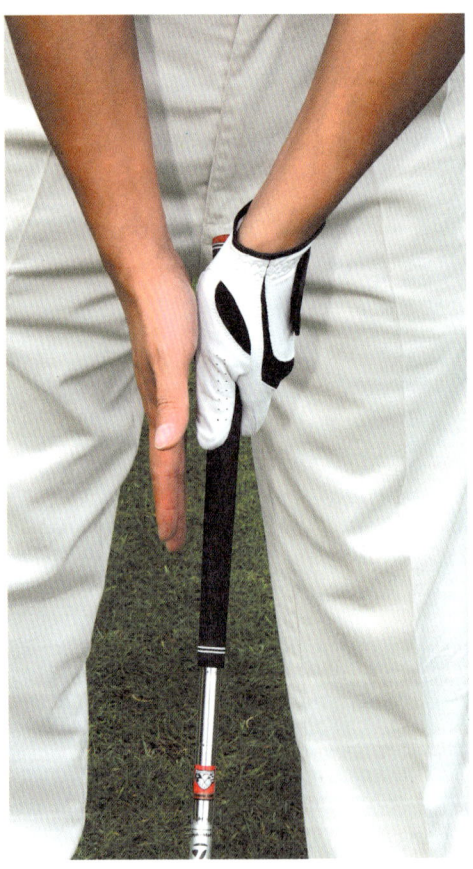 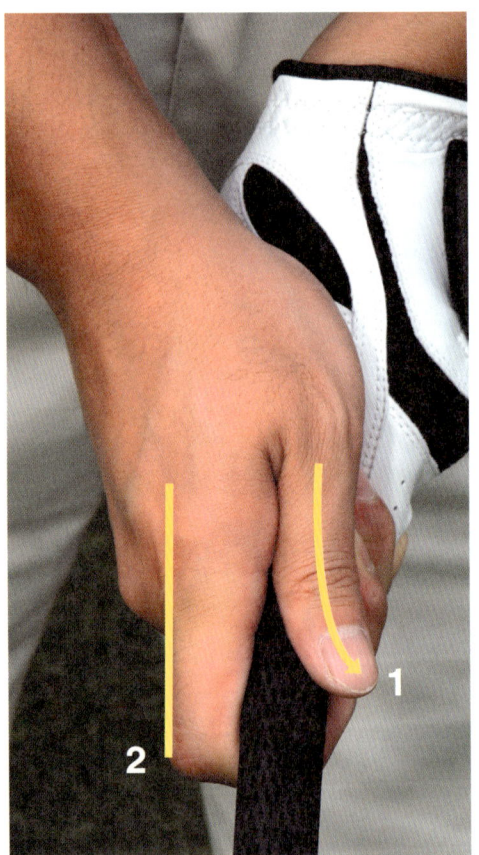

❶ 오른손 바닥이 타깃 방향을 향하게 그립을 잡는다.
❷ 엄지손가락이 구부러지지 않게 펴 준다.
❸ 집게손가락은 방아쇠를 당기듯이 잡는다.
❹ 3번째와 4번째 손가락의 힘으로 잡는다.

스탠스

스탠스는 볼을 치기 전 양발의 모양을 말한다. 어드레스에서 어느 방향을 향해 있고 발을 어느 정도 넓게 서 있는지에 따라 볼의 성질과 탄도가 달라진다. 스탠스는 볼을 치기 전 자세이기 때문에 좋은 자세를 익히기도 쉽지만 조금만 소홀히 하면 가장 많은 실수를 할 수도 있다.

7번 아이언을 발과 발 사이 중앙에 놓는 것을 기준으로 한다. 클럽이 길어질수록 왼발에 가깝게 놓고 클럽이 짧아질수록 오른발에 가깝게 놓는다.

클럽의 종류에 따른 볼의 위치

발의 넓이

발의 넓이는 파워를 내는 데 중요한 역할을 한다. 스탠스가 너무 넓으면 몸이 좌우로 움직이기 때문에 정확하게 볼을 맞출 수 없고 하체 회전에 제약을 받아 어깨 회전을 할 수 없어 파워가 감소한다. 반대로 스탠스가 너무 좁으면 상체와 하체에 몸의 꼬임이 생기지 않아 파워를 낼 수 없고 몸의 균형을 잡을 수 없다.

짧은 클럽(피칭웨지, 샌드웨지)을 사용할 때는 어깨너비보다 두 발 간격을 조금 좁게 한다.

중간 클럽(6, 7, 8번 아이언)을 사용할 때는 어깨너비 정도로 한다.

긴 클럽(드라이버)을 사용할 때는 어깨너비보다 조금 넓게 한다.

발의 방향

양발 끝과 볼이 날아가는 타깃 방향과 수평이 되게 선다. 발의 방향에 따라 구질이 바뀌게 된다. 발 방향이 타깃보다 오른쪽을 보면 임팩트 순간 클럽 페이스가 빨리 닫혀 왼쪽으로 휘어지는 드로우성 구질이 만들어진다. 발끝이 왼쪽을 보면 임팩트 순간 클럽 페이스가 오픈 되어 오른쪽으로 휘어지는 페이드성 구질이 만들어진다.

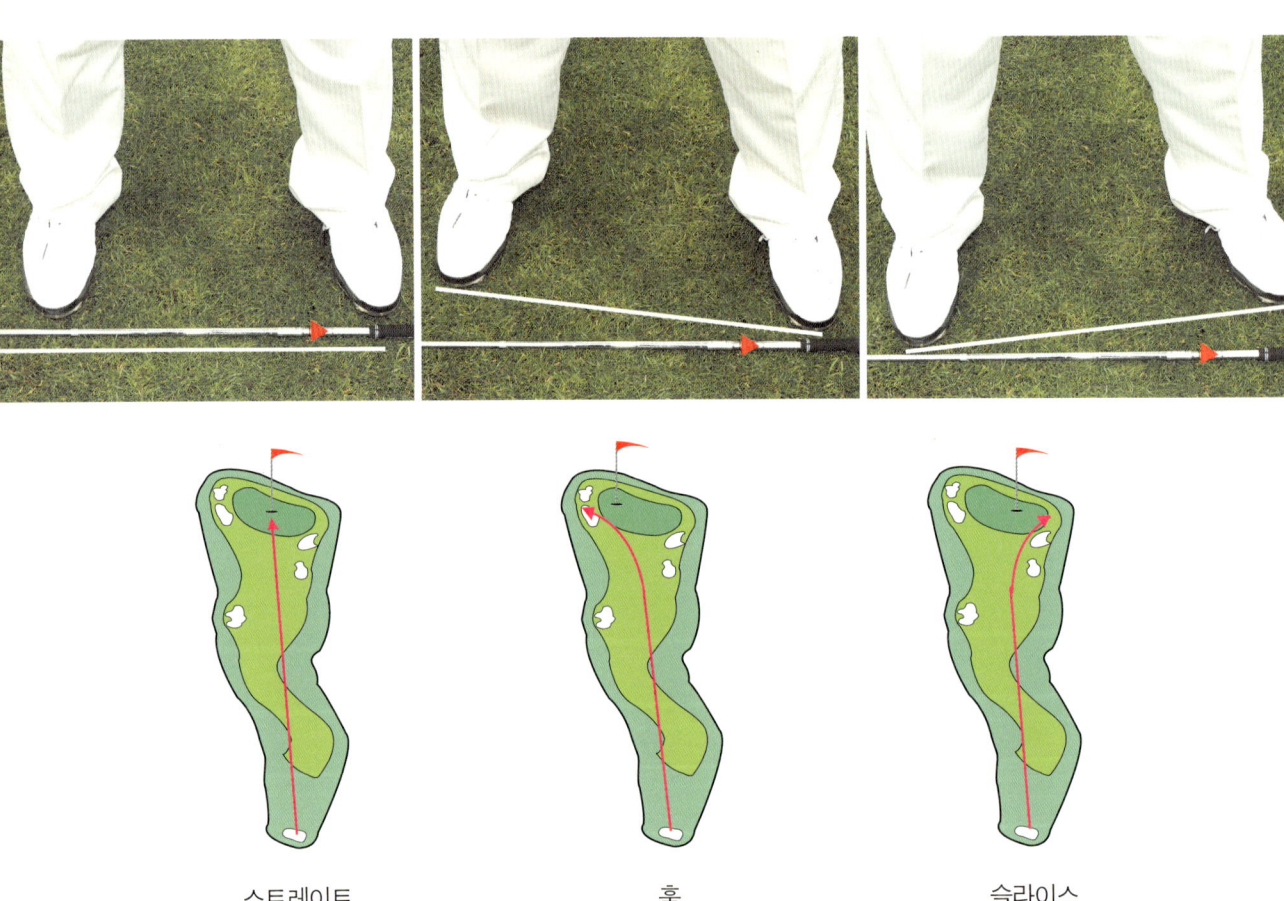

스트레이트   훅   슬라이스

어드레스 방법

　어드레스란 볼을 치기 위한 기본자세를 말한다. 모든 운동이 그러겠지만 특히 골프에서 기본자세는 정말 중요하다. 어드레스만 잘 잡아도 골프 스윙의 80%는 성공했다고 볼 수 있다. 이 정도면 어드레스가 얼마나 중요한지 알 수 있을 것이다. 어드레스를 잘못 잡고서는 도저히 올바른 스윙을 할 수가 없다. 스윙에 문제가 있는 대부분 골퍼들은 어드레스에서부터 잘못되어 스윙까지 이상하게 된 경우가 많다. 이런 사람들은 어드레스만 올바르게 잡아 주어도 스윙이 저절로 좋아지기도 한다. 또한 슬라이스나 훅으로 고생하는 골퍼들은 어드레스를 바꾸어 줌으로써 볼을 쉽게 똑바로 보낼 수 있다. 특히 100타 깨기를 목표로 하는 골퍼들은 어드레스 자세를 정확하게 잡고 연습하는 습관을 가져야 한다.

〈사진 1〉과 같이 그립을 잡고 클럽을 들어 올려 몸이 일자가 되게 선다. 그 다음에는 〈사진 2〉와 같이 무릎을 편 상태로 등이 구부러지지 않게 상체를 숙여 클럽 헤드를 볼 뒤에 놓는다. 이때 〈사진 3〉과 같이 등이 구부러지지 않게 주의하여야 한다. 등이 구부러지면 큰 근육을 이용 할 수 없고 작은 근육으로만 볼을 치게 되어 일정한 스윙을 할 수 없게 되며 비거리도 상당히 손해를 보게 된다. 엉덩이는 하늘을 향하게 위로 올리고 등을 펴 준다. 등을 펴는 것이 처음에는 불편하고 허리가 아플 수 있으나 며칠만 연습하면 쉽게 몸에 익힐 수 있다.

등이 구부러지지 않게 주의하고 엉덩이를 뒤로 뺀 상태에서 무릎을 살짝 구부려 준다. 이때 무릎이 앞으로 나오지 않게 살짝 앉는다는 느낌으로 구부린다. 시선은 볼을 보고 클럽 헤드는 볼 뒤에 놓는다. 처음에는 허벅지가 당기는 느낌이 들어야 정상이다.

앉는다는 느낌으로 무릎을 살짝 구부려 준다. ⭕

무릎이 앞으로 나가지 않게 한다. ❌

프리샷 루틴

프리샷 루틴이란 클럽을 선택하고 볼을 치기 전까지 유지하는 일정한 과정을 말한다. 프로와 아마추어는 볼을 치기 위한 준비 과정에서부터 차이가 난다. 프로들은 항상 일정한 리듬감과 템포를 만들기 위해 볼을 치기 전부터 일정한 방법으로 어드레스를 한다. 그렇게 함으로써 몸의 긴장을 풀고 일정한 리듬감을 경기를 마칠 때까지 가지고 갈 수 있다. 그러나 아마추어들은 볼을 치기 전까지 일정한 과정이 없다.

한편, 어드레스 자세를 취하고 너무 오래 시간을 끌면 몸에 힘이 많이 들어가 부드러운 스윙을 할 수 없게 된다. 반대로 어드레스 자세를 취하기도 전에 바로 스윙을 하면 급하게 스윙이 되어 토핑을 치거나 볼을 정확히 맞힐 수 없게 된다.

이처럼 그 날 경기에서 가장 중요한 것은 리듬감이다. 항상 같은 리듬감을 유지하기 위해서는 볼을 치기 전 일정한 방법으로 볼 앞에 다가가는 프리샷 루틴을 익혀 두어야 한다.

❶ 볼과 타깃의 연결점 뒤에 선다.
❷ 클럽을 들어 볼과 타깃의 연장선을 만든다.
❸ 볼에서 30~50cm 앞에 에임할 수 있게 목표를 설정한다.

❶ 오른발에 볼을 맞추어 선다.
❷ 클럽 페이스를 타깃 방향과 직각으로 맞춘다.

❶ 클럽에 맞게 스탠스를 선다.
❷ 어깨선을 타깃과 수평을 이루게 한다.
❸ 스탠스를 타깃과 수평을 이루게 한다.
❹ 그립을 잡는다.

❶ 어드레스를 취한다.
❷ 어깨, 팔, 엉덩이, 무릎, 스탠스를 타깃 방향과 수평을 이루게 한다.
❸ 웨글을 하여 몸의 긴장을 풀어 준다.
❹ 볼을 치기 전 볼이 페어웨이 중앙으로 날아가는 것을 상상한다.

● 제2장 | 스윙

Golf

CHAPTER

2 스윙

Golf

테이크 어웨이

　테이크 어웨이는 백스윙을 만들기 위한 첫 번째 과정이다. 테이크 어웨이만 잘 되면 백스윙은 문제가 되지 않는다. 백스윙에 문제가 있는 골퍼들은 테이크 어웨이에 이상이 있는 경우가 많다. 텔레비전에서 골프 중계를 보면 프로 선수들이 볼을 치기 전 테이크 어웨이에서 멈추어 자세를 확인하는 장면을 종종 볼 수 있다. 그만큼 백스윙에서 테이크 어웨이가 중요하기 때문이다.

　스윙을 시작할 때 클럽을 팔로만 들지 말고 어깨를 돌리며 몸통을 이용해야 한다. 클럽 헤드는 머리가 움직이지 않는 범위 내에서 최대한 낮추고 길게 해준다. 샤프트는 지면과 수평이 되게 한다. 양팔은 어드레스 때 만들어진 삼각형을 그대로 유지하고 양쪽 겨드랑이는 떨어지지 않게 주의한다. 오른팔은 왼팔보다 위에 있어야 하고 손등은 정면을 보게 한다.

❶ 지면과 샤프트가 수평이 되게 한다.
❷ 양팔이 어드레스 모양과 같게 한다.
❸ 오른쪽 팔이 위로 올라오게 한다.
❹ 손등이 정면을 보게 한다.

샤프트의 방향은 〈사진 1〉과 같이 그립 끝이 타깃을 향하게 한다. 〈사진 2〉와 같이 샤프트가 오른쪽을 향하면 오른팔이 빨리 접혀지고 왼팔 아래로 내려가게 된다. 이런 경우 다운스윙은 아웃사이드에서 인사이드 스윙이 되면서 왼쪽으로 스트레이트로 날아가는 풀성 구질과 스페이드성 구질이 된다. 또한 토핑의 원인이 되기도 한다. 〈사진 3〉과 같이 샤프트가 왼쪽을 향하면 다운스윙은 인사이드에서 아웃사이드 스윙이 되면서 오른쪽으로 스트레이트로 날아가는 푸시 구질이나 드로우성 구질이 되고 섕크나 뒤땅의 원인이 된다.

백스윙

　백스윙에서 가장 중요한 것은 몸과 팔이 하나가 되어 움직이는 것이다. 테이크 어웨이에서 어깨를 조금 더 돌려 팔을 지면과 수평이 되게 만들어 준다. 어깨 회전이 되지 않는 가장 큰 원인은 왼쪽 어깨로만 돌리고 오른쪽 어깨는 돌리지 않기 때문이다. 〈사진 2〉와 같이 샤프트를 양쪽 어깨에 맞추고 어깨 회전을 연습해 보면 어깨 회전이 어느 정도 되어야 하는지 쉽게 익힐 수 있다.

샤프트의 끝은 볼을 향해 있어야 한다. 앞에서 말한 것과 같이 샤프트가 오른쪽을 향하고 있으면 〈사진 2〉와 같은 백스윙이 만들어지고, 샤프트가 왼쪽을 향하면 〈사진 3〉과 같은 스윙이 만들어진다.

백스윙 톱

　백스윙 톱에서는 몸이 최대한 코일링 되어 있는 느낌이 들어야 한다. 그러기 위해서는 오른쪽 무릎으로 하체를 단단히 고정해야 한다. 양쪽 무릎과 엉덩이를 이용해 하체를 고정하려 하면 어깨 회전이 전혀 되지 않고 몸에 힘이 많이 들어가게 되어 정상적인 스윙을 할 수 없게 된다. 그러므로 백스윙에서 손목의 코킹을 그대로 유지하고 어깨 회전을 조금만 더 해주면 된다. 샤프트는 지면과 수평이 되는 정도로 하는 것이 좋다. 보통의 경우 볼을 멀리 날려 보내려는 마음에 스윙을 크게 하여 오버되는 경우가 많다. 그러면 오히려 파워를 잃게 되기 때문에 주의하여야 한다.

❶ 오른쪽 무릎은 어드레스 때와 같은 모양으로 고정한다.
❷ 왼쪽 무릎은 자연스럽게 오른쪽으로 이동한다.
❸ 체중은 오른발에 90% 싣는다.

어드레스 때의 척추 각을 백스윙 톱에서도 그대로 유지하는 것이 중요하다. 〈사진 2〉와 같이 백스윙 톱에서 몸이 세워지면 토핑의 원인이 되고 볼을 정확히 스위트 스팟에 맞히기 힘들다.

❶ 어드레스의 척추 각을 유지시켜 준다.
❷ 샤프트는 타깃 방향을 보게 한다.
❸ 오른쪽 팔꿈치가 벌어지지 않게 한다.
❹ 시선은 볼을 본다.

다운스윙

다운스윙에서 가장 중요한 점은 서두르지 않고 여유 있게 스윙을 시작하는 것이다. 백스윙 톱에서 다운스윙을 급하게 시작하면 리듬감을 잃게 되고 스윙 전체의 밸런스가 무너지기 때문에 일정한 스윙을 할 수 없게 된다. 또한 토핑의 원인이 되기도 한다. 백스윙은 클럽 헤드 – 손 – 어깨 – 몸통 – 엉덩이 – 무릎의 순서로 움직여야 하고, 다운스윙은 백스윙의 역순으로 무릎 – 엉덩이 – 몸통 – 어깨 – 손 – 클럽 헤드 순서로 움직여야 한다. 이런 순서로 다운스윙 해야 헤드 스피드를 최대한 가속화할 수 있다.

❶ 무릎부터 다운스윙을 시작한다.
❷ 체중을 왼발로 이동시킨다.
❸ 손이 허리까지 왔을 때 샤프트는 지면과 수평이 되게 한다.
❹ 백스윙 톱에서의 손목 코킹을 그대로 유지하고 다운스윙한다.

다운스윙 하면서 체중을 오른발에서 왼발로 이동시킨다. 클럽 헤드가 먼저 시작되지 않게 그립 끝을 볼쪽으로 잡아당긴다는 느낌으로 스윙한다. 이때 오른쪽 팔꿈치가 옆구리 쪽으로 스치듯이 지나간다고 생각한다.

❶ 팔과 손이 하나가 되게 하여 아래로 당긴다.
❷ 오른쪽 팔꿈치가 오른쪽 옆구리를 스치고 지나가게 한다.
❸ 샤프트는 타깃 방향을 보게 한다.
❹ 엉덩이를 타깃 방향으로 돌린다.
❺ 시선은 볼을 본다.

임팩트

클럽 헤드가 볼을 맞히는 순간을 임팩트라 한다. 아무리 좋은 백스윙과 다운스윙을 한다고 해도 임팩트 순간 볼을 잘못 맞히면 아무 소용이 없게 된다. 좋은 스윙을 만들기 위해 연습하는 이유는 항상 일정한 임팩트 모양을 내기 위해서다. 프로들마다 제각기 스윙이 다르다. 신체적 구조와 유연성, 근력 등 여러 가지 이유에서 스윙이 같을 수는 없다. 그러나 대부분 프로들의 임팩트 모양은 비슷하다. 임팩트 때 몸의 움직임이 어떻게 되어야 하는지 확실히 알아 두면 많은 도움이 될 수 있다.

❶ 볼을 맞히는 순간 두 손이 볼보다 앞으로 오게 한다.
❷ 왼쪽 무릎으로 벽을 만든다.
❸ 체중은 왼발에 100% 싣는다.
❹ 상체가 타깃 방향으로 밀리지 않게 한다.
❺ 오른쪽 어깨를 떨어트린다.
❻ 손등이 타깃 방향을 보게 한다.

다운스윙 때 엉덩이를 리드해 줌으로써 임팩트 때 엉덩이가 타깃 방향으로 움직여지는 상태가 되어야 한다. 다운스윙은 오른쪽 무릎을 왼쪽 무릎 방향으로 눌러 준다는 느낌으로 한다. 그러면 오른발은 엄지발가락만 지면에 닿아 있고 발 바깥쪽이 땅에서 떨어지게 된다. 또한 손목의 움직임도 상당히 중요하다. 백스윙 톱에서의 모양을 최대한 유지하고 임팩트 순간에 손목이 회전되게 한다.

❶ 엉덩이는 30도 정도, 양어깨는 5도 정도로 타깃 방향을 향하게 한다.
❷ 오른쪽 발바닥의 엄지발가락만 지면에 닿게 한다.
❸ 양팔은 곧게 펴 주어야 한다.
❹ 척추의 각은 어드레스 때와 같도록 유지한다.
❺ 임팩트 순간에 손목이 회전되게 한다.
❻ 시선은 볼을 본다.

팔로스루

볼이 클럽 헤드에 맞고 앞으로 나가 피니시 되기 전까지 동작을 팔로스루라고 한다. 팔로스루는 마지막까지 볼의 방향을 만들어 주는 과정이다. 볼을 맞힌 다음 팔과 클럽 헤드가 어떻게 움직여 주느냐에 따라서 볼이 날아가는 방향과 거리가 결정된다. 양팔은 완전히 펴져 있어야 한다. 보통 많은 사람들이 이때 왼팔이 구부러지면서 당기는 스윙을 하는데 이것은 슬라이스의 원인이 된다. 왼팔이 구부러지지 않게 오른팔이 왼팔 위로 올라간다고 생각하면 된다. 양팔을 X자로 교차되게 한다.

❶ 양팔을 완전히 펴 준다.
❷ 오른팔을 왼팔 위로 올라가게 X자로 교차한다.
❸ 정면에서 왼쪽 뺨이 보이게 한다.

백스윙 톱에서 손목의 모양을 최대한 유지시켜 임팩트 후 왼손 바닥이 하늘을 보고 오른손 바닥이 지면을 보면 릴리스가 완벽하게 만들어진 것이다. 손목의 릴리스가 되어야 볼을 똑바로 보낼 수 있고 멀리 보낼 수 있게 된다.

❶ 클럽 페이스가 지면을 향하게 한다.
❷ 샤프트는 타깃 방향을 향하게 한다.
❸ 시선은 볼이 있던 자리를 본다.

피니시

스윙의 마지막 동작을 피니시라고 한다. 피니시의 모양만 봐도 볼이 어디로 날아갔는지 짐작할 수 있고 골프 실력도 알 수가 있다. 피니시 동작을 보면 임팩트 순간에 몸이 어떻게 되었는지 알 수 있기 때문이다. 임팩트는 0.1초도 안 되게 빨리 지나가는데, 사실 그 빠른 시간에 임팩트 모양을 교정하기란 너무나 어렵다. 임팩트 모양을 교정하려면 먼저 피니시 동작을 바르게 해야 한다.

① 배꼽은 타깃 방향을 향하게 한다.
② 왼팔이 지면과 수평을 이루게 한다.
③ 상체는 왼쪽을 보게 한다.
④ 시선은 타깃 방향을 본다.

피니시는 볼의 탄도와 성질을 결정지어 준다. 피니시 때 샤프트 위치와 팔 모양에 따라 볼이 날아가는 방향이 바뀐다. 물론, 체형에 따라 스윙이 다르기 때문에 피니시 모양도 조금씩 다르겠지만 일반적으로 샤프트가 지면을 향하면 볼은 슬라이스가 나게 되고, 반대로 샤프트가 지면과 수평을 이루면 훅이 나게 된다. 샤프트는 목의 중간 정도에 오게 하는 것이 가장 이상적이다.

❶ 어깨가 배보다 뒤로 오게 한다.
❷ 체중은 왼발에 100% 싣는다.
❸ 오른쪽 발바닥은 직각으로 세운다.
❹ 오른쪽 무릎을 왼쪽 무릎에 붙인다.
❺ 왼쪽 무릎은 편다.
❻ 샤프트는 목 중간으로 오게 한다.

제3장 | 장타자가 되기 위한 비결

Golf

CHAPTER 3

장타자가 되기 위한 비결

3

Golf

왼손 그립은 스트롱 그립, 팜 그립으로 잡는다

그립을 어떻게 잡느냐가 골프 스윙의 모든 것을 좌우한다고 해도 지나친 말이 아니다. 초보자일수록 그립을 조금만 변화시켜도 방향성이 정확해지고 거리를 멀리 보낼 수 있다.

왼손 그립은 파워를 내는 것이고 오른손 그립은 방향을 컨트롤하는 것이다. 왼손 그립을 어떻게 잡느냐에 따라 많게는 30야드 이상 볼을 멀리 보낼 수도 있다.

왼손 바닥은 지면을 향하게 잡는 것이 중요하다. 그래야 임팩트 순간 손목의 회전을 극대화 시킬 수 있기 때문이다. 〈사진 1, 2〉에서의 손목 회전은 차이가 있다.

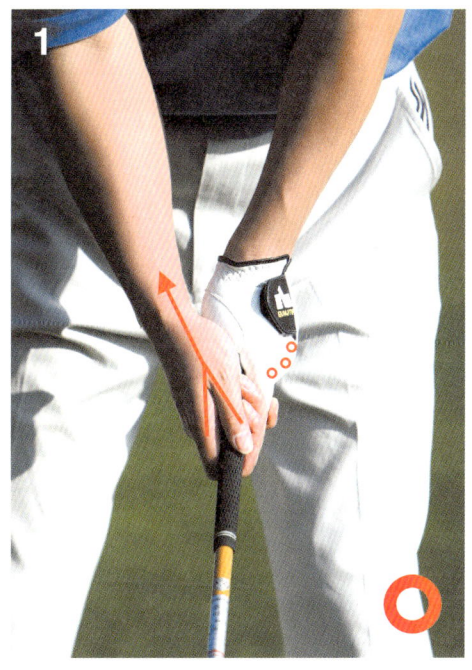 

❶ 왼손 바닥이 지면을 향하게 위에서 아래로 내려 잡는다.
❷ 손가락 세 번째 마디가 보이게 잡는다.
❸ 양손 엄지손가락과 집게손가락으로 만들어지는 V자가 오른쪽 어깨를 가리키게 한다.

손가락 그립(핑거 그립)으로 잡아야 손목의 회전(로테이션)을 최대한 이용할 수 있다. 손바닥 그립(팜 그립)으로 잡으면 그립을 단단하게 잡을 수가 없고 손목 회전이 느려진다. 〈사진 1〉과 같이 왼손 새끼손가락과 그립 사이의 공간이 생기지 않게 잡아야 한다.

❶ 그립의 끝에 동그란 선이 있는데, 그만큼을 남겨놓고 잡는다.
❷ 왼손은 3, 4, 5번째 손가락의 힘으로 잡는다.
❸ 그립을 손가락에 놓고 잡는다.

스탠스를 넓게 한다

볼을 멀리 보내기 위해서는 하체를 단단하게 고정시켜야 한다. 골프 스윙은 몸을 회전시키는 것이 아니라 몸이 코일링(꼬아짐) 되었다 풀어지는 힘으로 해야 한다. 상체를 강하게 회전시키려면 스윙 궤도가 커야 한다. 스윙 궤도가 큰 만큼 스탠스를 넓게 해야 균형 잡기도 좋고 하체 회전도 적게 할 수 있다. 스탠스가 너무 좁으면 몸의 균형을 잡기가 어렵고 하체 회전도 많아진다. 〈사진 2〉와 같이 하체의 회전이 많아지면 몸이 뒤집어지는 리버스 디봇 현상이 생겨 체중 이동이 안 되고 손목이 빨리 돌아가는 등 여러 가지 문제들이 발생된다.

❶ 일반적인 스탠스보다 5~10cm 정도 넓게 선다.
❷ 체중은 오른발과 왼발에 6 : 4 정도로 놓는다.
❸ 백스윙 시 하체를 단단히 고정시킨다.
❹ 스탠스가 좁으면 〈사진 2〉와 같이 몸이 뒤집어지는 리버스 디봇 현상이 생길 수 있다.

드로우성 구질로 만든다

페이드(오른쪽으로 휘는 구질)는 백스핀을 만들고 드로우(왼쪽으로 휘어지는 구질)는 톱스핀을 만든다. 볼이 땅에 떨어졌을 때 멀리 굴러가게 하려면 톱스핀을 만들어야 한다. 골프 선진국에서는 처음 배울 때 드라이버는 드로우 구질로 만들고, 아이언은 페이드 구질로 가르치기도 한다. 드라이버는 많이 굴러가게 만들어 거리를 많이 내고, 아이언은 백스핀을 만들어 그린에 떨어지면 많이 구르지 않게 하여 그린을 공략하기 쉽게 하기 위해서다.

❶ 스탠스를 타깃보다 오른쪽으로 한다.
❷ 클럽 페이스는 타깃 방향을 보게 한다.
❸ 볼은 조금 더 왼발 쪽에 놓는다.
❹ 다운스윙 궤도를 인사이드에서 아웃사이드로 한다.
❺ 임팩트 때 손목 릴리스를 완전히 해준다.
❻ 피니시를 끝까지 한다.

체중 이동을 확실히 한다

클럽이 길어지면 길어질수록 체중 이동을 확실히 해줘야 볼을 잘 맞힐 수 있다. 임팩트 때 체중이 실려 볼이 맞는 것과 체중이 실리지 않고 볼이 맞는 것은 파워에 엄청난 차이가 생긴다. 체중을 백스윙 때 100% 오른발에 오게 하고 다운 스윙을 시작하면서 왼발로 이동시킨다. 볼이 맞는 순간 체중을 100% 왼발에 오게 하고 임팩트한다.

골프 스윙의 축은 세 군데 있다. 어드레스 때는 몸의 중심, 백스윙 때는 오른발, 그리고 임팩트와 다운스윙에서는 왼발이다.

스윙 아크를 크게 한다

실에 추를 매달고 돌린다고 생각해 보자. 짧은 실에 매달린 추와 긴 실에 매달린 추 중에 어느 것이 파워가 더 크겠는가? 긴 실에 매달린 추일 것이다.

즉 스윙에서도 아크가 크면 볼이 맞는 순간 파워를 많이 낼 수 있다. 백스윙 아크를 크게 하려면 테이크 어웨이에서 오른팔을 구부리지 말고 왼팔보다 오른팔이 위로 올라오게 해야 한다.

❶ 클럽 헤드를 낮고 길게 한다.
❷ 왼팔보다 오른팔이 위에 있게 한다.
❸ 팔로만 들지 말고 어깨를 회전시킨다.
❹ 오른쪽 무릎을 고정한다.
❺ 팔을 몸쪽으로 당기지 말고 밀어 준다.

백스윙 아크를 크게 하는 이유는 임팩트 후 팔로스루에서 피니시까지 아크를 크게 만들기 위해서다. 백스윙 아크보다는 임팩트 후 아크가 더 커야 한다는 것을 항상 잊으면 안 된다.

 임팩트 후에는 팔을 최대한 타깃 방향으로 뻗어 주어야 하며, 왼쪽 팔꿈치가 구부러지지 않게 펴주어야 한다. 왼쪽 팔꿈치가 구부러질 때도 팔꿈치의 방향이 중요하다. 이때 팔을 당기면서 뒤를 보면 슬라이스가 나서 거리에 손해를 본다. 팔꿈치는 지면을 향하게 하여 오른팔이 왼팔 위로 올라간다고 생각하고 팔을 교차시켜 준다.

❶ 최대한 타깃 방향으로 팔을 뻗는다.
❷ 왼쪽 팔꿈치가 지면을 보게 한다.
❸ 오른팔이 왼팔 위로 올라가도록 팔을 교차시킨다.
❹ 시선은 볼이 있던 자리를 본다.

어깨와 손목 힘을 최대한 뺀다

장타는 힘에서 나오는 것이 아니라 부드러움에서 나온다. 물론, 부드러우면서 힘 있게 칠 수 있다면 최상의 샷이 될 것이다. 볼을 부드럽게 칠 수 있는 가장 좋은 방법은 어드레스 때 어깨와 손목 힘을 최대한 빼는 것이다. 그래야만 헤드 스피드도 빨라지고 정확히 스위트 스팟에 볼을 맞힐 수 있다. 볼은 정확히 스위트 스팟에 맞았을 때 이상적인 탄도와 파워를 안고 멀리 날아갈 수 있다. 라운딩 시에는 연습장에서 연습하던 리듬감 그대로 스윙하고 정확히 스위트 스팟에 볼을 맞추려고 집중하는 것이 장타를 내는 비결이다.

❶ 어드레스 때 최대한 어깨를 늘어뜨린 후 그립을 잡는다.
❷ 웨글을 하여 손목 힘을 최대한 뺀다.
❸ 어드레스 동작에서 정지해 있는 시간이 길지 않게 바로 스윙한다.

복부 운동을 하면 거리가 는다

 장타자가 되기 위해서는 웨이트 트레이닝 중에서도 특히 복부 운동을 많이 해야 한다. 골프는 몸의 꼬임으로 운동한다고 앞에서 말한 바 있다.
 몸을 꼬아 주는 중심은 복근이다. 골프에서는 하체를 고정하고 상체의 회전을 강하게 해야 하는데 하체와 상체를 연결시켜 주는 부분이 복부다. 복근에 힘이 없다면 몸은 절대 꼬이는 느낌을 받을 수 없다. 그러므로 몸의 꼬임을 최대한 많이 하여 거리를 멀리 보내기 위해서는 복근운동을 많이 해야 한다.

❶ 두 다리를 붙이고 팔을 바닥에 붙인다.
❷ 머리를 살짝 위로 올린다.
❸ 몸통과 수직이 될 정도로 다리를 올린다.
❹ 다리를 서서히 내리고 바닥에 닿지 않게 한다.
❺ 다리를 올릴 때 숨을 들이 마시고 다리를 내릴 때 숨을 내쉰다.

악력기를 항상 가지고 다닌다

특히 여성 골퍼들에게 악력기를 적극 권하고 싶다.

여성 골퍼들은 대부분 팔에 힘이 없는데, 팔에 힘이 없으면 그립을 단단히 잡을 수 없다. 결국, 힘이 없어 그립을 약하게 잡으면 스피드 있게 스윙을 할 수가 없다. 또한 팔에 힘이 없으면 스윙하는 동안 클럽을 제대로 다루기 어렵다.

팔의 힘을 키우는 간단하면서도 아주 효과적인 방법은 악력기를 사용하는 것이다. 집에서 TV를 보거나 차에서 운전할 때, 어디서든 쉽게 악력기로 운동할 수 있다.

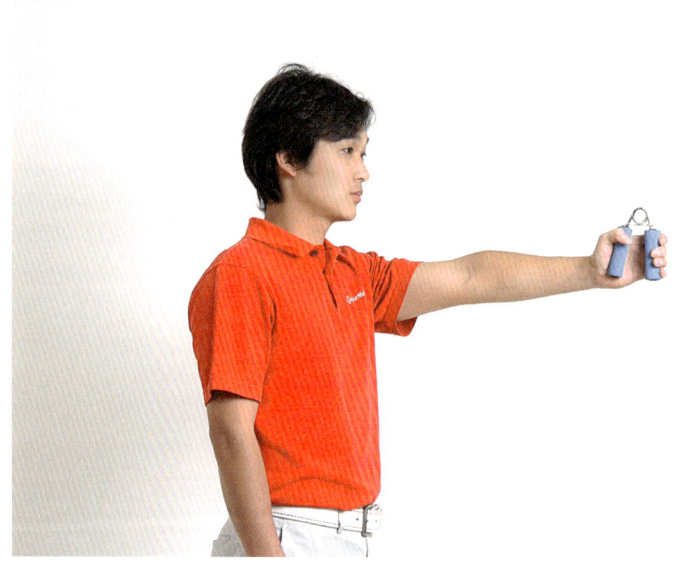

❶ 힘이 없는 여성의 경우 가장 약한 악력기로 시작한다.
❷ 강한 악력기로 몇 번 하는 것보다, 약한 악력기로 여러 번 운동하는 것이 효과적이다.
❸ 한 번에 몇 번 할 수 있는지 체크하고 같은 횟수로 3세트 한다.
❹ 일주일에 5번씩 늘려나간다.

제4장 | 어프로치샷

Golf

CHAPTER

4 어프로치샷

Golf

칩샷

 칩샷은 볼이 공중에 떠서 날아가는 거리보다 굴러서 가는 거리가 많게 하는 샷으로, 그린 주변에서 볼을 가장 쉽고 안전하게 홀컵에 붙일 수 있는 방법이다. 일반 아마추어 골퍼들은 거리에 대한 부담감은 없지만 홀컵에 가깝게 붙여야 한다는 압박감에 기본을 무시하는 때가 있는데 이 점을 주의해야 한다.

 라운딩 경험이 적은 골퍼들 대부분은 볼이 굴러가는 거리를 생각하지 못하고 무조건 한 번 만에 볼을 홀컵에 넣으려고 한다. 그러나 홀컵 주위에 떨어진 볼은 많이 굴러 그린을 넘어 가거나 2퍼팅하기도 힘든 거리를 남긴다. 칩샷을 할 때는 볼을 어디에 떨어뜨려 얼마 만큼 굴러갈지를 가장 먼저 계산해보아야 한다. 볼을 떨어뜨릴 곳을 정하고 샷을 해야 1퍼팅 만에 넣을 수 있는 확률이 높다.

❶ 체중은 왼발과 오른발에 7:3 정도로 놓고 클럽을 짧게 잡는다.
❷ 스탠스를 좁게 하고 왼발을 오픈한다.
❸ 볼은 오른발에 놓는다.
❹ 양손은 볼보다 왼쪽에 놓는다.

어드레스 때의 삼각형을 유지하면서 백스윙은 팔로만 하지 말고 어깨로 시작한다. 클럽 헤드는 낮게 하면서 손목 코킹을 자연스럽게 해준다. 이때 체중은 어드레스 때와 같이 왼발에 둔다. 스윙이 작기 때문에 체중 이동을 할 수 있는 시간이 충분하지 않다. 체중 이동을 하면 짧은 시간에 타이밍을 맞춰야 하기 때문에 실수할 확률이 높아진다. 칩샷은 거리를 많이 보내는 것보다 홀컵에 정확히 볼을 붙이는 것이 중요하기 때문에 실수할 확률을 최대한 줄이는 것이 좋다.

❶ 클럽 헤드를 낮게 가져 간다.
❷ 손목 코킹을 자연스럽게 한다.
❸ 어드레스 때와 같이 체중을 왼발에 놓고 스윙한다.

다운스윙 때는 손목이 클럽 헤드를 리드해야 한다. 그리고 볼을 맞히는 순간 손이 볼보다 앞에 있게 한다. 대부분 초보자일수록 볼을 띄우려는 생각에 〈사진 2〉와 같이 클럽 헤드로 리드하여 무조건 볼을 퍼올리려고 한다. 이와 같이 클럽 헤드가 리드하게 되면 임팩트 시 손목이 꺾이면서 토핑이나 뒤땅의 원인이 된다.

❶ 임팩트 시 볼보다 손이 앞에 오게 한다.
❷ 볼 밑으로 클럽 헤드를 슬라이딩시킨다.
❸ 손목이 꺾이면서 클럽 헤드로 볼을 걷어 올리지 않게 한다.

임팩트 후 팔로스루는 자연스럽게 한다. 거리가 짧다고 볼만 치고 팔로스루를 하지 않으면 방향성에도 문제가 생기고 거리를 맞추기도 어려워진다. 또한 뒤땅의 원인이 되기도 한다. 백스윙한 만큼 팔로스루를 해주고 스윙의 크기로 거리 조절을 하는 것이 좋다. 피니시 때는 클럽 헤드가 손보다 아래에 오게 해야 한다. 칩샷은 볼을 낮게 굴려 거리와 탄도를 조절해야 하기 때문이다. 클럽 페이스는 임팩트 때와 같이 하늘을 보게 하여 방향성을 좋게 한다.

❶ 백스윙한 만큼 팔로스루한다.
❷ 클럽 헤드가 손보다 아래에 오게 한다.
❸ 클럽 페이스가 하늘을 보게 한다.
❹ 시선은 볼이 있던 자리를 본다.

피치샷

그린 앞에 벙커와 같은 장애물이 있거나 핀이 놓여 있을 경우 볼의 탄도를 높게 하여 볼이 장애물을 넘기고 그린에 떨어질 때 볼이 많이 굴러가지 않게 하는 피치샷을 해준다. 어드레스 때 볼이 떨어질 지점을 확실히 정하고 그에 맞게 셋업하는 것이 중요하다. 샌드웨지는 로프트 각이 누워있는 것을 사용한다. 왼발을 오픈 스탠스로 하면 임팩트를 지나는 순간 클럽 헤드가 타깃 방향을 향할 확률이 높아져 목표한 방향으로 볼을 좀 더 정확히 보내기 쉽다. 그립을 내려 잡으면 클럽을 다루기 쉬워져 정확한 임팩트를 할 수 있다.

❶ 샌드웨지를 사용한다.
❷ 스탠스를 넓게 하고 왼발을 오픈한다.
❸ 볼은 발과 발 사이 중앙에 놓는다.
❹ 그립을 내려 잡는다.
❺ 체중은 왼발과 오른발에 6:4 정도로 둔다.

볼을 높게 띄우려면 손목 코킹을 많이 하여 백스윙을 가파르게 들어 올려야 한다. 그러나 백스윙 시작부터 볼을 띄워야 한다는 생각에 손목만 움직여서는 안 된다. 백스윙은 양팔과 어깨, 그리고 손목이 일체감 있게 움직여야 한다.

백스윙 톱에서 다운스윙할 때 잠깐 멈춘다는 생각을 갖고 서두르지 않도록 한다. 스윙이 급해지면 팔이 리드되어 생크와 뒤땅의 원인이 되기 때문이다. 백스윙에서 손목 코킹은 그대로 유지시켜 다운스윙하며, 임팩트 시에는 스피드 있고 자신 있게 스윙한다.

❶ 클럽 헤드가 하늘을 향하게 하여 가파르게 백스윙한다.
❷ 손목 코킹을 많이 한다.
❸ 20~30야드까지는 체중 이동을 하지 않는다.

❶ 임팩트 때까지 백스윙 톱에서의 손목 코킹을 유지한다.
❷ 클럽 헤드로 볼을 바로 친다는 느낌으로 내려친다.
❸ 주저하지 말고 임팩트를 스피드 있게 지나간다.
❹ 볼이 맞는 순간 손이 볼보다 앞에 있게 한다.

같은 거리를 칩샷과 피치샷으로 한다면 피치샷을 할 때가 스윙이 더 크다. 이때 피치샷은 하체의 움직임을 칩샷보다 자연스럽게 해주는 것이 좋다. 단, 무릎을 위, 아래로 움직이는 것은 미스샷의 원인이 되기 때문에 조심해야 한다. 클럽 헤드는 하늘을 보게 하며, 백스윙한 만큼 피니시를 하여 스윙 크기로 거리를 조절한다.

❶ 클럽 페이스를 하늘을 보게 한다.
❷ 백스윙한 만큼 피니시한다.
❸ 손목이 꺾이지 않게 한다.
❹ 왼팔을 길게 뻗지 말고 팔꿈치를 살짝 당겨 준다.

그린 주변에서 퍼트 칩샷

　그린 주변에서는 퍼팅에 자신이 없어도 칩샷을 하는 것보다 퍼터로 하는 것이 실수 할 가능성이 훨씬 적다. 그러나 퍼터로 하기에는 풀이 조금 길거나 거리가 조금 있을 경우에는 퍼트 칩샷을 하는 것이 유리하다. 클럽은 상황에 따라 6, 7, 8, 9번 아이언을 사용한다.

❶ 퍼팅 그립으로 클럽을 짧게 잡는다.
❷ 퍼팅할 때와 같은 스탠스를 하고 왼발만 살짝 오픈한다.
❸ 체중을 왼쪽 발과 오른쪽 발에 6 : 4 정도로 놓는다.
❹ 샤프트를 세워 힐이 약간 들리게 한다.
❺ 볼은 토우 쪽에 놓는다.
❻ 클럽 페이스는 타깃 방향과 직각으로 맞춘다.

퍼팅할 때와 같은 방법으로 스트로크한다. 보통 퍼팅과 같은 크기로 스트로크하면 홀컵을 지나칠 것 같지만 오히려 퍼트 칩샷이 조금 짧게 간다. 그러므로 빠른 그린이나 내리막 라이에서는 볼이 많이 구르지 않기 때문에 퍼트 칩샷을 하는 것이 유리하다. 내리막 라이에서는 피칭웨지, 9번 아이언을 사용한다.

❶ 퍼팅할 때와 같은 방법으로 스트로크한다.
❷ 하체를 고정시키고 어깨로 스트로크한다.
❸ 토우 쪽으로 볼을 맞춘다.
❹ 스윙할 때 클럽이 땅에 닿지 않게 한다.

내리막 라이에서 20야드 어프로치

일반 아마추어 골퍼들이 이 동작을 가장 어려워하고 여기에서 타수를 많이 잃게 된다. 볼을 정확히 스위트 스팟에 맞추기 어렵고 정확히 맞춘다 하더라도 런이 많이 생겨 그린을 벗어나기 쉽기 때문이다. 클럽은 샌드웨지, 60도 웨지를 사용한다. 볼의 위치는 오른발에 놓아야 한다. 만약 왼발에 놓으면 볼을 맞히기도 전에 몸이 들려 토핑을 치는 실수를 하게 된다.

볼을 홀컵에 붙인다는 생각은 버려야 한다. 온그린에 성공시킨다고 생각하고 다음 샷을 퍼터로 사용할 수 있게만 한다면 성공할 수 있다. 그러기 위해서는 볼을 그린에 떨어뜨리지 말고 그린 에지에 떨어뜨려 굴려서 그린에 올라가게 해야 한다. 스윙이 조금만 빠르거나 머리가 조금만 움직여도 섕크나 토핑을 치게 된다.

❶ 위크 그립으로 클럽을 짧게 잡는다.
❷ 스탠스는 평지에서보다 넓게 한다.
❸ 오른쪽 무릎을 살짝 구부려 준다.
❹ 볼을 오른발 가슴 쪽에 놓는다.

❶ 백스윙을 부드럽게 천천히 한다.
❷ 머리는 볼 뒤에 고정시키고 움직이지 않는다.
❸ 임팩트 후에는 지면을 따라 낮게 팔로스루한다.

러프에서의 어프로치

러프에서 클럽 헤드를 땅에 닿게 하면 여러 가지 위험 요소들이 생긴다. 클럽으로 잔디를 건드리다 보면 볼이 잔디 속으로 들어가기도 하고 클럽으로 볼을 움직여 벌타를 받게 되는 경우도 생긴다. 또한 백스윙 때 클럽이 잔디에 걸리면 스윙 리듬이 달라져 미스샷을 내기도 한다.

❶ 클럽을 땅에 대지 말고 살짝 들어 준다.
❷ 클럽 페이스를 오픈한다.
❸ 그립을 단단하게 잡는다.

볼이 굴러서 러프에 들어간 경우 볼이 잔디 위에 떠있어 임팩트 때 클럽이 그냥 지나갈 수 있기 때문에 샌드웨지보다는 피칭웨지를 사용하는 것이 좋다. 볼이 러프로 바로 떨어지면 풀 속 깊이 묻히게 되어 샌드웨지나 60도 웨지를 사용한다.

풀의 저항을 이기고 나가야 하기 때문에 스윙을 스피드 있게 하는 것이 좋다. 스윙스피드가 느리면 클럽 헤드가 지나가지 못하고 땅에 박혀 거리가 짧은 실수를 하게 된다.

❶ 볼의 뒤 5cm를 겨냥한다.
❷ 백스윙을 가파르게 올린다.
❸ 임팩트 순간 스피드 있게 스윙한다.

연습장에서의 연습방법

어프로치할 때 가장 많이 하는 실수 중 하나가 손목이 꺾이면서 클럽 헤드가 하늘을 보지 못하는 것이다. 손목이 꺾이지 않고 클럽 페이스가 하늘을 보게 하려면 팔로스루 부분에서 손목을 교정해 주어야 한다. 이것은 골프백을 이용하여 연습장에서 연습한다면 쉽게 익힐 수 있다.

❶ 골프백을 눕혀 놓는다.
❷ 임팩트 후 클럽 헤드 솔 부분이 골프백에 닿게 한다.
❸ 클럽 헤드 토우 쪽이나 힐 부분만 닿지 않게 주의한다.
❹ 클럽 페이스가 하늘을 보게 한다.
❺ 클럽 헤드보다 손이 앞으로 가게 한다.

● 제5장 | 벙커샷

Golf

CHAPTER

5 벙커샷

5

Golf

평지에서의 벙커샷

벙커샷은 많은 골퍼들이 가장 부담스러워 하는 샷이다. 특히 힘이 없는 여성 골퍼들이 더 그러하다. 그러나 벙커에서 빠져 나오는 방법은 생각보다 쉽다. 대부분 자신감 없이 스윙을 하기 때문에 벙커 탈출이 힘든데 자신감 있게 모래를 치고 피니시까지 해주면 볼이 쉽게 나올 수 있다.

❶ 그립을 잡기 전에 클럽 페이스를 오픈한 후 그립을 잡는다.
❷ 두 발이 움직이지 않을 정도로 발을 모래에 묻는다.
❸ 스탠스뿐만 아니라 몸 전체를 타깃 방향보다 왼쪽 방향을 향하게 선다.
❹ 체중은 양발에 5:5로 놓고 볼은 왼발 뒤꿈치 쪽에 놓는다.
❺ 클럽 페이스를 타깃보다 오른쪽으로 향하게 오픈한다.

벙커샷은 모래를 때리면서 모래와 같이 볼이 나오게 해야 한다. 그러나 벙커샷을 어려워하는 골퍼들 대부분은 모래만 치고 팔로스루를 하지 않는다든지, 볼만 살짝 걷어올리려 하기 때문에 볼을 벙커 밖으로 내보내지 못한다. 모래와 함께 볼을 벙커 밖으로 내보낸다는 생각으로 피니시를 해주면 볼이 벙커에서 한번에 탈출 할 수 있다.

❶ 스탠스 선 방향과 같이 백스윙을 바깥쪽으로 하고 코킹을 가파르게 한다.
❷ 볼을 바로 치지 말고 볼 3cm 뒤 모래를 친다.
❸ 거리 조절은 잔디에서 치는 스윙의 3배 정도로 볼을 세게 친다.
❹ 백스윙보다 볼을 치고 나서의 스윙을 더 크게 한다.
❺ 피니시는 반드시 해준다.

페어웨이에서의 벙커샷

페어웨이 벙커에서는 볼을 한번에 그린에 올린다고 생각하지 말고 그린 주변으로 보낸다고 생각해야 한다. 한 클럽 크게 잡고 가볍게 스윙하는 것이 중요하다. 일반적으로 사람들은 모래를 보면 세게 쳐야 한다는 생각을 한다. 페어웨이 벙커에서는 이런 생각을 버리고 가볍게 스윙을 해야 볼이 그린 주변으로 날아간다.

❶ 한 클럽 크게 잡고 클럽을 짧게 잡는다.
❷ 허리를 많이 숙이지 말고 턱을 조금 든다.
❸ 볼은 중앙에서 약간 오른쪽에 놓는다.
❹ 클럽 페이스를 타깃 방향과 직각으로 놓는다.

페어웨이 벙커에서 가장 많이 하는 실수는 뒤땅을 쳐서 볼이 바로 앞에 떨어지게 하는 것이다. 무엇보다도 클럽 헤드가 모래에 닿지 않게 하여 볼을 치는 것이 중요하다. 그립을 짧게 잡고 임팩트 때 토핑을 친다는 생각으로 볼을 바로 친다.

❶ 하체를 움직이지 않게 고정한다.
❷ 클럽이 모래에 닿지 않게 하여야 하며 볼만 친다고 생각한다.
❸ 볼을 쓸어 친다는 느낌으로 스윙한다.
❹ 볼이 맞는 순간 약간 몸이 들린다는 느낌으로 친다.

내리막 경사에서의 벙커샷

다운힐 라이는 왼발이 낮고 오른발이 높게 어드레스 되는 지형을 말한다. 내리막 경사에서 벙커샷을 할 때는 평소보다 볼이 낮게 뜨는 것을 감안하여야 한다. 볼이 많이 굴러가기 때문에 될 수 있으면 그린 앞에 떨어뜨리도록 한다. 볼은 오른발 쪽에 놓고 체중은 왼발에 싣고, 어깨를 지면과 수평하게 하여 어드레스한다.

❶ 벙커의 경사와 어깨를 평행하게 한다.
❷ 스탠스를 보통보다 넓게 한다.
❸ 체중은 왼발에 싣는다.
❹ 볼은 오른발 쪽에 놓는다.
❺ 클럽을 짧게 잡는다.

벙커의 경사에 맞추어 스윙을 하는 것이 가장 중요하다. 백스윙을 가파르게 들어 올리고 임팩트 후에도 경사면을 따라 클럽 헤드를 낮게 가져가는 것 또한 중요하다. 가장 많이 하는 실수는 볼을 치고 몸을 바로 들어 토핑을 내는 경우이다. 토핑을 방지하기 위해서는 팔로스루를 낮게 가져 가야 한다.

❶ 백스윙 때 손목 코킹을 가파르게 한다.
❷ 경사면을 따라 스윙한다.
❸ 체중을 왼발에 싣고 스윙한다.
❹ 팔로스루를 낮게 가져 간다.

오르막 경사에서의 벙커샷

업힐 라이는 오른발이 낮고 왼발이 높게 어드레스 되는 지형을 말한다. 평소보다 볼이 높게 뜨기 때문에 볼이 그린에 떨어지면 구르지 않는다. 볼을 홀컵에 넣는다는 생각으로 홀컵을 향해 바로 친다. 볼은 왼발 쪽에 놓고 체중은 오른발에 싣는다. 어깨를 지면과 수평하게 하여 어드레스한다.

❶ 벙커의 경사와 어깨를 평행하게 한다.
❷ 스탠스를 보통보다 넓게 한다.
❸ 체중은 오른발과 왼발에 6 : 4 정도 싣는다.
❹ 볼은 왼발 쪽에 놓는다.
❺ 클럽을 짧게 잡는다.

이 동작에서는 클럽 헤드로 스피드 있게 볼을 치지 못해서 벙커 턱을 넘기지 못하는 실수를 가장 많이 한다. 클럽 헤드의 스피드를 감속시키지 말고 피니시까지 가져가도록 한다. 임팩트 후에 헤드 스피드가 감속하면 클럽 헤드가 땅에 박혀 볼이 앞으로 나갈 수 없게 된다. 임팩트 후 바로 피니시까지 한다는 생각으로 스윙한다.

❶ 머리는 볼 뒤에 놓고 좌우로 움직이지 않게 한다.
❷ 스피드 있게 스윙한다.
❸ 피니시를 높게 한다.

모래에 볼이 묻혀 있을 때의 벙커샷

볼이 모래에 어느 정도 묻혀 있는지에 따라 클럽 페이스의 모양을 다르게 한다. 볼이 모래에 반 정도 보이면 클럽 페이스를 타깃과 직각이 되게 하고, 반 이상 박혀 있으면 클로즈 시킨다. 클럽 페이스가 클로즈 되면 모래 깊숙이 파고들 수 있기 때문이다.

클럽 헤드를 가파르게 들어 올려 가파르게 내려오게 한다. 스핀을 적게 먹어 그린에 떨어지면 볼이 많이 구르게 된다. 클럽 헤드가 모래를 깊이 파고 들게 하여 모래를 많이 퍼낸다는 생각으로 스윙해야 한다. 평상시와 같이 벙커샷을 하듯이 스윙을 하면 토핑의 원인이 된다. 모래를 많이 퍼내야 하기 때문에 스피드 있게 스윙하는 것이 좋다.

❶ 클럽 헤드를 클로즈 시키고 그립을 잡는다.
❷ 볼은 발과 발 사이 중앙에 놓는다.
❸ 체중은 왼발과 오른발에 6 : 4 정도 싣는다.

❶ 백스윙을 가파르게 들어 올린다.
❷ 피니시 동작을 낮게 한다.
❸ 평소 벙커샷보다 좀 더 힘있게 모래를 내려친다.

벙커샷 연습방법

 벙커샷을 잘하기 위한 가장 쉽고 효과가 좋은 연습방법은 모래에 선을 긋고 그 선을 맞추는 것이다. 이 방법으로 연습하면 볼에 대한 부담감이 없어지고 클럽 헤드가 모래 어느 부분에 닿는지 알 수 있기 때문에 스윙 감을 빨리 찾을 수 있다. 연습 시 볼이 있다고 상상하고 벙커샷하듯이 스윙을 하며, 모래를 많이 퍼내고 피니시를 반드시 해준다.

❶ 모래에 선을 긋는다.
❷ 스탠스를 왼쪽으로 향하게 한다.
❸ 클럽 페이스를 오픈한다.
❹ 그립을 짧고 강하게 잡는다.

처음에는 선만 긋고 연습하고, 그 선을 잘 맞추게 되면 선 앞에 볼을 놓고 연습한다. 볼을 보지 말고 선을 보고 스윙하면 볼이 쉽게 벙커를 탈출한다. 벙커샷은 자신감이 무엇보다도 중요하다. 이런 방법으로 몇 번 연습하고 난 후 자신감이 생기면 어프로치보다 벙커샷이 더 쉽게 느껴질 것이다.

❶ 백스윙은 아웃사이드로 들고, 다운스윙은 인사이드에서 아웃사이드로 한다.
❷ 볼을 보지 말고 선만 보고 스윙한다.
❸ 스피드 있게 스윙한다.
❹ 백스윙보다 피니시를 높게 한다.

제6장 | 트러블샷

Golf

CHAPTER

6 트러블샷

6

Golf

볼이 발보다 위에 있을 때

볼의 위치보다 발이 아래에 있는 경우 뒤땅을 치는 실수를 가장 많이 한다. 이때는 그립을 짧게 잡아 안정감을 주는 것이 중요하다. 그립을 짧게 잡은 만큼 볼이 짧게 나가기 때문에 한두 클럽 긴 클럽을 선택한다. 클럽 헤드가 땅에 닿지 않게 하여 볼만 쓸어 친다 생각하고 스윙한다면 뒤땅을 예방할 수 있다.

❶ 한두 클럽 크게 잡고 그립은 짧게 잡는다.
❷ 스탠스를 조금 넓게 하고 왼발을 오픈한다.
❸ 볼은 몸 중앙에 놓는다.
❹ 평소보다 무릎을 펴고 상체를 조금 세워 준다.

높은 지형에서는 플랫 스윙이 되기 때문에 볼이 맞는 순간 클럽 헤드가 닫혀 볼은 왼쪽으로 휘어지는 드로우성 구질이 된다. 그러므로 볼이 왼쪽으로 휘어지는 것을 감안해서 오른쪽을 겨냥하고 스윙해야 한다. 특히 백스윙 때 몸이 앞으로 쏠려 뒤땅을 치는 실수를 많이 한다. 백스윙 시 눈과 볼 사이의 간격이 가까워지지 않게 어드레스 때 간격을 그대로 유지하고 스윙해야 한다.

❶ 타깃보다 오른쪽을 겨냥한다.
❷ 야구 스윙하듯이 플랫 스윙한다.
❸ 하체를 고정시키고 상체로 스윙한다.
❹ 백스윙 시 눈과 볼의 간격을 어드레스 때와 같이 그대로 유지한다.
❺ 피니시는 80%만 한다.

볼이 발보다 아래에 있을 때

발보다 볼이 아래에 있는 경우 토핑을 치는 실수를 가장 많이 하게 된다. 어드레스 때 그립의 끝을 잡아 토핑을 예방하도록 한다. 스윙에서 무릎의 역할이 가장 중요한데, 무릎을 단단히 고정하고 스윙을 해야만 정확히 볼을 스위트 스팟에 맞힐 수 있다.

❶ 스탠스를 넓게 한다.
❷ 무릎을 많이 구부려 준다.
❸ 평소보다 그립을 길게 잡는다.
❹ 무게 중심을 발가락 가운데에 둔다.
❺ 볼을 몸 중앙에 놓는다.
❻ 볼의 위치를 몸 가까이 놓는다.

낮은 지형에서는 스윙을 가파르게 하기 때문에 볼이 맞는 순간 클럽 헤드가 오픈 되어 오른쪽으로 휘어지는 페이드 구질이 된다. 볼이 오른쪽으로 휘어지는 것을 감안해서 왼쪽을 겨냥하고 스윙한다.

백스윙 때 몸이 일으켜져 생크 및 토핑을 치는 실수를 많이 한다. 백스윙 시 몸이 일어서지 않게 눈과 볼 사이의 간격을 그대로 유지하면서 스윙해야 한다.

❶ 타깃보다 왼쪽을 겨냥한다.
❷ 백스윙을 가파르게 들어 올린다.
❸ 하체를 고정시키고 상체로 스윙한다.
❹ 눈과 볼 사이의 간격을 그대로 유지한다.
❺ 풀스윙하지 말고 하프스윙만 한다.

내리막 경사에 볼이 있을 때

어드레스 때 몸을 기울여 지면과 평행하게 한다. 지형에 맞게 어드레스하면 클럽 페이스의 로프트 각이 세워지게 되어, 7번 아이언의 경우 6번 아이언의 로프트 각이 되기 때문에 한 클럽 짧게 잡는다. 어드레스 후 연습 스윙을 하여 디봇이 어디에 생기는지를 확인해보고 나서 볼의 위치를 결정한다. 체중은 왼발에 두고 볼은 오른발 쪽에 놓는다.

❶ 한 클럽 짧게 잡는다.
❷ 스탠스를 넓게 한다.
❸ 볼을 오른발 쪽에 놓는다.
❹ 왼쪽 어깨를 낮춰 지면과 평행하게 한다.
❺ 체중은 지형에 맞게 왼발에 더 둔다.
❻ 무릎을 타깃 반대 방향으로 밀어 준다.

볼이 맞는 순간 클럽 헤드가 오픈되어 오른쪽으로 휘어지는 페이드 구질이 된다. 볼이 오른쪽으로 휘어지는 것을 감안해서 왼쪽을 겨냥하고 스윙한다. 볼의 탄도가 낮아지고 백스핀이 거의 없기 때문에 볼이 그린에 떨어지면 런이 많이 생기는 것을 감안하여 스윙한다. 풀스윙보다는 하프스윙을 하여 하체를 고정하고 체중 이동을 하지 않는 것이 좋다. 체중 이동을 하면 몸이 움직여져서 정확히 스윗스팟에 볼을 맞히기 어렵기 때문이다.

❶ 타깃보다 왼쪽을 겨냥한다.
❷ 백스윙이 너무 크면 균형이 무너지기 때문에 하프스윙만 한다.
❸ 임팩트 후 경사면을 따라 낮게 팔로스루한다.
❹ 하체를 고정시키고 스윙한다.
❺ 하프스윙만 한다.

오르막 경사에 볼이 있을 때

오르막 경사에서 지면과 평행하게 어드레스하면 로프트 각이 눕혀지면서 볼은 높게 뜨고 거리는 줄어 든다. 경사에 따라 한두 클럽 길게 잡고 스윙하여 거리를 맞춘다. 어드레스 때 어깨를 지면과 수평하게 맞추고 체중은 오른발에 둔다. 무릎을 타깃 방향으로 밀어 주어 스윙할 때 균형 잡기 좋게 만들어 놓는다.

❶ 지형에 따라 한두 클럽 길게 잡는다.
❷ 왼발 스탠스를 오픈한다.
❸ 볼은 왼발 쪽에 놓는다.
❹ 오른쪽 어깨를 낮춰 지면과 평행하게 만든다.
❺ 체중은 지형에 맞게 오른발에 더 둔다.
❻ 무릎을 타깃 방향으로 밀어 준다.

오르막 경사에서는 평지에서보다 엉덩이 회전이 늦어져 상체가 리드하는 스윙을 하게 된다. 그 결과, 임팩트 순간 클럽 헤드가 닫혀 왼쪽으로 휘어지는 드로우성 구질이 된다. 볼이 왼쪽으로 휘어지는 것을 감안해서 오른쪽을 겨냥하고 스윙한다. 백스윙은 지면에 닿게 낮게 하고 하프스윙을 한다.

❶ 타깃보다 오른쪽을 겨냥한다.
❷ 백스윙을 낮고 길게 한다.
❸ 체중 이동을 하지 않는다.
❹ 피니시를 높게 한다.
❺ 하프스윙만 한다.

바람이 불 때

골프를 시작한 지 얼마되지 않은 아마추어 골퍼들은 바람의 영향을 대수롭지 않게 생각한다. 심지어는 볼을 바람에 태운다는 말을 이해 못 하는 사람도 많이 있다.

바람이 많이 부는 날은 평소 7번 아이언으로 공략하는 거리를 3번 우드로 쳐도 짧을 때도 있고, 피칭 웨지로 쳐도 길 때가 있다. 그만큼 바람은 볼이 날아가는 데 영향을 미치는 요인이다.

골프는 자연과의 싸움이다. 자연과의 싸움에서 이기는 방법은 자연을 잘 이용하는 것이다. 특히 바람을 잘 이용할 줄 알아야 골프가 훨씬 쉬워진다.

바람을 점검하는 법

바람을 점검하고자 가장 많이 사용하는 방법은 잔디를 날려 보는 것이다. 잔디가 어디로 날아가는지를 보면 바람의 방향과 세기를 알 수 있다. 페어웨이에 있는 나뭇가지의 흔들림을 확인하거나, 그린에 꽂혀 있는 깃발을 보고 바람을 체크하기도 한다.

그러나 볼을 치는 위치와 볼이 떨어질 지점에서 바람 방향이 다를 수 있다. 그러므로 일단 전체적인 바람을 체크하는 것이 좋다.

앞바람이 불 때

앞에서 바람이 불면 거리에 대한 욕심을 버리고 스윙해야 한다. 볼이 높게 뜨면 바람의 영향을 훨씬 많이 받게 되어 앞으로 나가기 힘들기 때문에 낮은 탄도의 구질로 만들어 주는 것이 좋다.

낮은 탄도의 구질을 구사하기 위해서는 티를 낮게 꼽고 평소보다 볼을 오른쪽에 놓는 것이 유리하다. 스윙할 때는 다운스윙 때 체중을 왼발로 많이 가게 하고 팔로 스루는 낮고 길게 해주는 것이 좋다.

❶ 티를 낮게 꼽는다.
❷ 스탠스를 넓게 한다.
❸ 평소보다 볼 하나 정도 오른쪽에 놓는다.
❹ 왼손 그립을 강하게 잡아 준다.
❺ 다운스윙 때 체중을 왼쪽으로 많이 가게 한다.
❻ 팔로스루를 낮고 길게 가져간다.

뒷바람이 불 때

뒷바람이 불면 바람을 최대한 이용하는 것이 좋다. 이때 볼을 세게 쳐서 멀리 보내려는 생각을 버려야 한다. 높은 탄도의 구질을 구사하기 위해서는 티를 높게 꽂고 평소보다 볼을 왼발 쪽에 놓는 것이 좋다. 어드레스 때 볼의 위치를 조금만 바꿔 주고 평소처럼 스윙하면 볼이 높게 떠서 바람을 타고 저절로 멀리 갈 수 있다.

❶ 티를 높게 꽂는다.
❷ 스탠스를 넓게 한다.
❸ 체중을 오른발에 놓는다.
❹ 평소보다 볼 하나 정도 왼쪽에 놓는다.
❺ 그립을 짧게 잡는다.
❻ 피니시를 높게 잡아 준다.

슬라이스 · 훅 바람이 불 때

바람이 불면 일단 볼을 똑바로 보내려는 마음을 버려야 한다. 슬라이스 바람이면 왼쪽을 겨냥하고, 훅 바람이면 오른쪽을 겨냥하여 스윙한다. 슬라이스 바람은 훅 바람보다 훨씬 많이 샷에 영향을 준다는 점을 유의하여야 한다.

슬라이스 바람

❶ 타깃보다 왼쪽을 겨냥한다.
❷ 체중을 오른발과 왼발에 6 : 4 정도 둔다.
❸ 왼발을 닫아 놓는다.
❹ 백스윙을 낮고 길게한다.

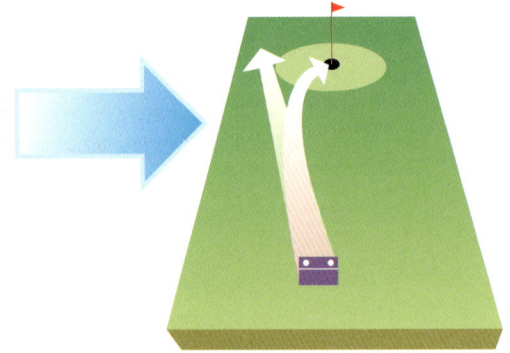

훅 바람

❶ 타깃보다 왼쪽을 겨냥한다.
❷ 체중을 양발에 5 : 5 정도 둔다.
❸ 왼발을 오픈한다.
❹ 볼의 위치를 평소보다 볼 하나 정도 오른쪽에 놓는다.

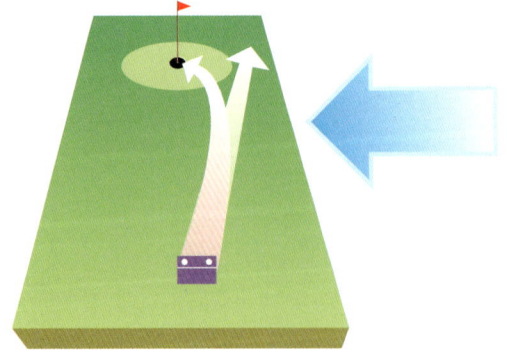

러프에서 탈출하기

라운딩 도중 러프에서 가장 흔히 발생하는 트러블 샷은 크게 두 가지가 있다. 티 샷한 볼이 굴러서 러프에 들어가는 것과 런이 없이 그대로 박혀 버리는 경우이다.

풀 위에 걸려 있는 볼

볼이 굴러서 러프로 들어가면 풀 위에 걸쳐 있게 된다. 이런 경우 볼을 찍어서 치려 하면 볼을 맞추지도 못하고 클럽 헤드가 그냥 볼 밑으로 지나가는 경우가 생긴다. 이때는 볼을 쓸어 친다는 느낌으로 스윙하는 것이 좋다.

클럽의 선택도 중요한데 로프트가 작은 9번 아이언이나 피칭웨지를 사용하는 것이 적합하다. 임팩트 순간 볼과 클럽 사이에 풀이 끼게 되므로 스핀이 걸리지 않아 런이 많이 생기는 것을 감안하여 어느 지점에 볼을 떨어뜨릴 것인지 계산하는 것이 바람직하다.

❶ 스탠스를 타깃보다 오른쪽으로 한다.
❷ 클럽 페이스는 타깃 방향을 보게 한다.
❸ 볼을 조금 더 왼발에 놓는다.
❹ 다운스윙 궤도를 인사이드에서 아웃사이드로 한다.
❺ 임팩트 때 손목 릴리스를 완전히 해준다.
❻ 피니시를 끝까지 한다.

러프에 박혀있는 볼

볼이 러프에 바로 떨어지면 러프 속으로 깊이 박힌다. 이런 경우 볼을 쓸어 치지 말고 찍어 치는 샷을 해야 한다. 이때 클럽을 단단히 잡아 주어야 손목 부상을 예방할 수 있다. 풀에서 오는 저항이 크기 때문에 평소처럼 힘을 빼고 그립을 잡으면 임팩트 순간 클럽 헤드가 풀을 치고 나가지 못하고 땅에 박히면서 손목에 큰 충격을 줄 수 있다.

❶ 로프트가 큰 클럽을 사용한다.
❷ 볼을 오른발 쪽에 놓는다.
❸ 클럽을 단단히 잡는다.
❹ 손목 코킹을 빨리 한다.
❺ 백스윙을 가파르게 들어 올린다.
❻ 피니시까지 스피드 있게 스윙한다.

디봇에서 치는 방법

디봇에 놓인 볼을 치는 것은 몇 가지 노하우만 있으면 쉽게 할 수 있다. 임팩트 순간 클럽 헤드가 오픈되어 슬라이스가 나는 경우가 있으므로 어드레스 때 클럽 헤드가 타깃을 보게 한다.

디봇에 놓인 볼을 칠 때 가장 중요한 것은 볼을 바로 치는 넉다운 샷을 하는 것이다. 볼의 앞면에 집중하여야 임팩트 순간 몸이 앞으로 나가거나 뒤땅치는 것을 방지할 수 있다. 임팩트 순간에는 손이 볼보다 앞에 있어야 한다. 그리고 볼을 높게 띄우려 하지 말고 낮은 탄도의 샷을 구사해야 한다.

❶ 볼은 몸의 중앙에서 조금 오른쪽으로 놓는다.
❷ 평소 거리보다 한 클럽 길게 잡는다.
❸ 그립을 짧게, 그리고 조금 단단히 잡는다.
❹ 임팩트 순간 손이 볼보다 앞에 있어야 한다.
❺ 3/4 스윙만 한다.
❻ 낮은 탄도의 샷을 구사한다.

제7장 | 퍼팅

Golf

CHAPTER

7 퍼팅

7

Golf

그립

퍼팅 그립을 잡는 방법은 여러 가지가 있다. 그립을 어떻게 잡았는지에 따라 거리감과 방향성이 좋아질 수 있다.

오버래핑 그립

가장 일반적이며, 왼손 두 번째 손가락을 오른손 위에 올려 주는 그립으로 임팩트 후 손목이 꺾이는 것을 예방할 수 있다. 방향성과 거리감이 좋아 처음에는 이 그립으로 연습하고 실력이 향상된 후 자신만의 그립을 찾아가도록 한다.

 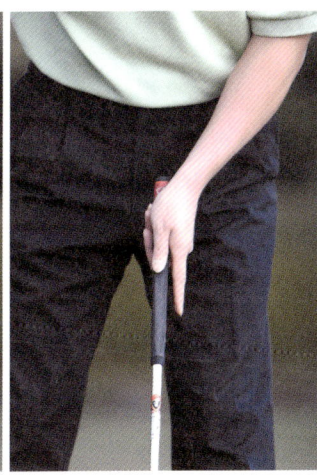 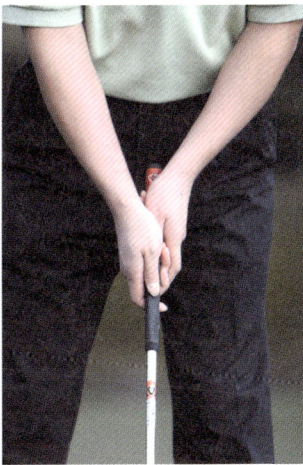

❶ 손바닥에 대각선으로 그립을 놓는다.
❷ 왼손 엄지손가락을 그립의 편평한 면과 일자로 놓는다.
❸ 왼손 집게손가락을 일자로 편다.
❹ 오른손 새끼손가락이 왼손 가운뎃손가락에 닿게 올려 잡는다.
❺ 양손 엄지손가락이 일자가 되게 한다.
❻ 왼손 집게손가락을 오른손 위로 올린다.

크로스 핸드 그립

왼손을 밑으로 내려잡아 스윙 시 왼쪽 손목의 움직임이 전혀 없다. 이 그립을 잡으면 왼쪽 손목이 고정되면서 클럽 페이스를 홀컵 방향과 계속 직각으로 유지할 수 있어 방향성이 좋아진다. 어깨를 수평으로 맞추기 쉽고 어깨로 스트로크하기도 쉽다. 특히 정확성이 높아 쇼트 퍼팅이 들어갈 확률을 높일 수 있다. 그러나 거리를 맞추기는 어렵다.

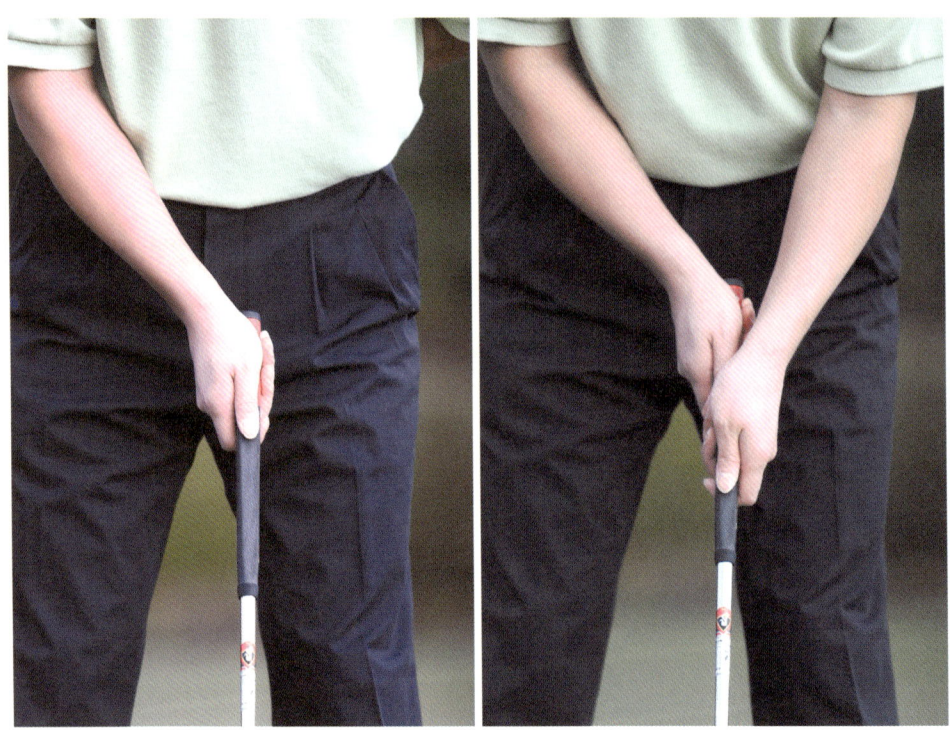

❶ 오른손 엄지손가락를 그립의 편평한 면과 일자로 놓는다.
❷ 왼손을 오른손 밑으로 내려잡아 손목이 꺾이지 않게 한다.
❸ 양손 엄지손가락이 일자가 되게 한다.

백스윙보다 팔로스루를 더 길게 한다

　백스윙이 너무 길면 퍼터가 흔들려 볼을 정확히 맞히기 힘들고 속도도 일정하지 않게 된다. 따라서 볼을 맞힌 후 홀컵 방향으로 클럽 헤드를 길게 밀어주면 홀컵 방향으로 볼을 정확히 보낼 확률이 훨씬 높아진다. 볼을 기준으로 하여 백스윙을 10cm하여 임팩트 한 후 클럽 헤드가 20cm 나가게 하는 연습을 한다. 리듬감 있게 클럽 헤드로 볼을 굴린다는 생각으로 스트로크한다.

❶ 백스윙을 10cm 하여 임팩트 한 후 클럽 헤드를 20cm 나가게 한다.
❷ 백스윙을 낮게 한다.
❸ 볼을 굴린다는 생각으로 스트로크한다.

내리막 퍼팅하기

내리막 퍼팅은 골퍼들에게도 상당히 부담을 주는 것으로, 욕심을 부려 홀컵에 볼을 넣으려고 하면 두 번만에 넣기도 어렵게 된다. 내리막 퍼팅은 볼을 두 번에 넣는다 생각하고 최대한 홀컵에 가깝게 붙인다는 마음으로 스트로크해야 한다. 토우 부분으로 볼을 치면 임팩트 순간 힘이 분산되어 거리를 쉽게 조절할 수 있고 볼도 많이 구르지 않는다. 스트로크는 약간 끊어친다는 느낌으로 팔로스루를 짧게 해준다.

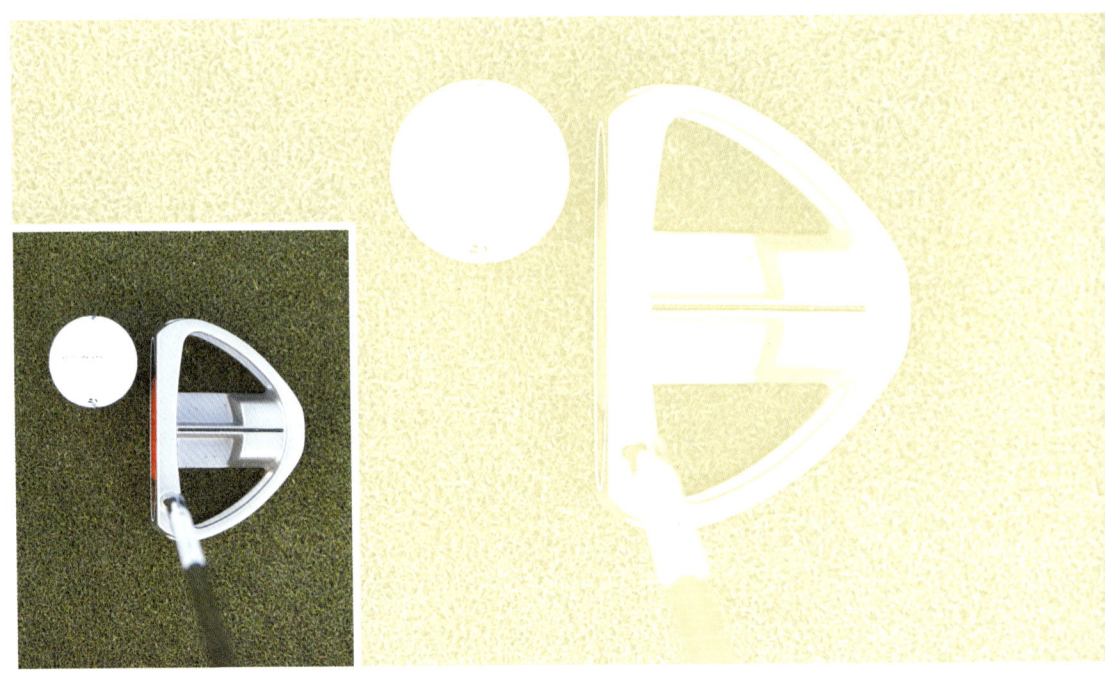

❶ 내리막 경사는 실제 거리보다 멀게 보인다.
❷ 그립을 짧게 잡는다.
❸ 토우에 볼을 놓는다.
❹ 팔로스루를 짧게 한다.

훅 슬라이스 경사

  골프를 하다 보면 경사가 거의 없는 편평한 그린에서보다 오른쪽 혹은 왼쪽으로 휘어지는 브레이크에서 볼을 치는 경우가 훨씬 많다. 거리가 길면 길수록 볼은 더 많이 휘어진다. 특히 내리막 경사라면 더더욱 심하다. 많이 휘어지는 퍼팅을 보면 최고점이 보이는데, 볼이 이 지점을 지나가게 해야 한다. 볼이 지나가는 속도도 중요한데, 볼을 세게 스트로크하려면 브레이크를 조금만 봐야 하고, 약하게 스트로크하려면 많이 봐야 한다. 볼을 치기 전 볼의 속도를 생각하고 브레이크를 계산하는 것이 좋다.

❶ 볼의 속도를 감안하여 브레이크를 본다.
❷ 최고점에 목표점을 정하고 어드레스한다.
❸ 50cm 정도 앞에 목표점을 정한다.
❹ 목표점을 향해 스트로크한다.

쇼트 퍼팅 연습방법

1m 퍼팅을 성공하지 못한다면 절대로 좋은 스코어를 기대할 수 없다. 쇼트 퍼팅을 놓치는 가장 큰 원인은 자신감이 없기 때문이므로, 쇼트 퍼팅을 잘 하려면 충분히 연습하여 자신감을 갖는 것이 무엇보다 중요하다.

사진과 같이 홀컵을 기준으로 볼을 동그랗게 배열하고 여러 위치에서 볼을 홀컵에 넣는 연습을 하면 설전에서 하는 것과 같은 효과를 얻을 것이다.

❶ 홀컵을 중심으로 동그랗게 원을 그려 여러 개의 볼을 놓는다.
❷ 하나하나 신중하게 퍼팅하여 볼을 모두 홀컵에 넣는다.
❸ 실수 없이 모든 볼이 다 들어가면 연습을 끝낸다.

방향을 정확하게 하는 방법

 임팩트 순간 클럽 페이스가 어떻게 맞는지 확인하려면 브레이크가 없는 평지에서 연습하는 것이 좋다. 두 개의 볼을 붙여 놓고 볼이 임팩트 되는 순간 클럽 페이스가 두 볼의 방향과 직각이 되고 같은 방향으로 스트로크 되면 두 볼이 같은 방향으로 굴러갈 것이다. 만약 두 볼이 서로 다른 방향으로 간다면 볼을 맞히는 순간 클럽 페이스가 열렸거나 닫힌 것이다. 두 볼을 같은 방향으로 굴려 홀컵에 넣는 연습을 한다.

❶ 볼 두 개를 나란히 놓는다.
❷ 두 볼이 나란히 가면 올바르게 스트로크 되고 있다는 표시이다.
❸ 팔로스루 때 클럽 페이스도 볼이 가는 방향과 직각을 이루게 한다.

거리감을 익히는 연습방법

거리감을 익히는 가장 좋은 방법은 홀컵 직선상에 일정한 간격으로 볼을 놓고 홀컵에 넣는 연습을 하는 것이다. 거리가 길면 홀컵에 넣기보다는 홀컵에 볼을 갖다 붙인다는 생각으로 퍼팅한다. 홀컵에 가까운 볼부터 홀컵에 넣고 백스윙의 크기로 거리를 조절하는 것이 좋다. 힘으로 거리를 조절하려고 하면 그 날 컨디션에 따라 거리감이 매번 달라지고 방향성이 정확하지 않게 된다. 일정한 스윙 템포를 유지하면서 백스윙의 크기에 따른 거리감을 익히는 것이 좋다.

❶ 홀컵과 직선상에 일정한 간격으로 볼을 놓는다.
❷ 홀컵에서 가까운 볼부터 홀컵에 넣는다.
❸ 스윙의 크기로 거리를 맞춘다.

동전을 이용한 연습방법

퍼팅에서 볼의 회전은 톱스핀이 생기게 하는 것이 좋다. 앞으로 전진하는 스핀(톱스핀)이 생겨야 브레이크도 덜 타고 볼이 맞는 순간 그린에서 튀는 것도 예방할 수 있다. 톱스핀을 생기게 하려면 클럽 헤드가 몸의 중심에서 가장 낮은 위치에서 올라오는 순간에 볼을 맞혀야 한다. 이 점을 기억에 두고 왼발 쪽에 두 개의 동전을 포개 놓는다. 클럽 헤드가 몸의 중심에서 가장 낮은 위치에서 올라오는 순간 동전을 맞혀 위에 있는 동전만 떨어뜨리는 연습을 한다.

❶ 동전 두 개를 준비한다.
❷ 두 동전을 포개 놓는다.
❸ 동전을 볼 하나 정도 왼쪽에 놓는다.
❹ 위에 있는 동전만 떨어지게 한다.

그린 읽는 방법

그린을 제대로 읽으면 볼을 보내고자 하는 방향으로 정확히 보낼 수 있다. 그러나 거리감이 아무리 좋다고 해도 그린의 브레이크를 잘못 읽으면 볼을 절대로 홀컵에 넣을 수 없다. 그린 위로 올라가기 전 산이나 언덕이 어디 있는지 그린 전체를 살펴보도록 하며, 항상 산과 언덕 쪽은 높다는 것을 염두에 두는 것이 좋다. 잔디의 결도 상당히 중요한데, 잔디 결이 반대로 누워 있으면 그린이 환하게 보이고 볼이 잘 굴러간다. 반대로 잔디가 자신 쪽으로 누워 있으면 그린이 어두워 보이고 볼이 잘 구르지 않는다. 브레이크가 많이 있으면 홀컵을 보지 말고 중간 지점에 목표를 정하고 목표를 향해 퍼팅한다.

❶ 그린에 올라가기 전 그린 전체를 살펴본다.
❷ 산이나 언덕이 어디에 있는지 확인한다.
❸ 잔디 결이 어떻게 누웠는지 확인한다.

제8장 | 필드 레슨

Golf

CHAPTER

8 필드 레슨

8

Golf

생크 방지 방법

생크샷이란 클럽 헤드와 샤프트를 연결해 주는 호젤 부분으로 볼을 맞히는 샷을 말한다. 생크샷이 되면 볼이 낮은 탄도로 오른쪽으로 날아간다. 거리도 적게 나갈뿐 아니라 심하게 오른쪽으로 나가기 때문에 페어웨이 선(OB) 밖으로 벗어나는 위험도 생긴다.

생크샷의 원인은 여러 가지가 있다.

어드레스에서 생기는 원인
1. 볼과 너무 가깝게 서있다.
2. 그립을 위크 그립으로 잡고 있다.
3. 타깃 방향보다 오른쪽으로 에임 했다.

스윙에서 생기는 원인
1. 테이크 어웨이에서 오른팔이 구부러지면서 클럽 헤드가 몸쪽으로 들어왔다.
2. 다운스윙이 아웃사이드에서 인사이드로 되었다.
3. 백스윙 톱에서 체중이 앞으로 쏠려 몸이 다운되었다.
4. 임팩트 순간 손목 회전이 되지 않았다.

생크 해결 방법

볼을 두 개 놓고 치는 연습 방법이 효과적이다. 어드레스 때에는 몸 바깥쪽에 있는 볼에 클럽 헤드를 놓고 안쪽에 있는 볼을 치는 연습을 한다. 생크의 원인이 어디에 있는지 살펴보고 문제점을 생각하면서 이 방법으로 연습하면 쉽게 생크샷을 해결할 수 있다.

뒤땅 방지 방법

뒤땅이란 임팩트 순간에 볼을 맞추지 못하고 볼 뒤를 치는 샷을 말한다. 뒤땅을 치면 스윙 스피드가 완전히 감소한 다음 볼을 치기 때문에 평소에 보내던 거리만큼 볼이 날아가지 못하고 바로 앞에 떨어지게 된다. 뒤땅의 원인은 여러 가지가 있는데, 그 중에 가장 흔한 것은 스윙 스피드가 너무 느린 것이다. 라운딩 도중 뒤땅이 나면 리듬있게 스윙한다는 생각으로 볼을 쳐야 금방 고칠 수 있다.

뒤땅의 원인

❶ 백스윙 톱에서 너무 오래 서있는 경우
❷ 스윙 스피드가 너무 느린 경우
❸ 다운스윙 스타트가 클럽 헤드가 되어 손목이 빨리 풀리는 경우
❹ 다운스윙 때 체중이 오른발에 남는 경우
❺ 볼 위치가 왼발에 있는 경우
❻ 백스윙 때 왼팔이 너무 많이 구부러진 경우

뒤땅 해결 방법

어드레스 때 볼을 보지 말고 목표점을 보고 스윙한다. 단, 백스윙 톱에서 쉬지 말고 리듬 있게 바로 다운스윙한다.

토핑 방지 방법

토핑이란 클럽 헤드로 볼 가운데나 윗부분을 치는 샷을 말한다. 토핑을 하면 볼이 낮게 많이 굴러가게 된다.

토핑의 가장 큰 원인은 볼을 띄우려는 생각을 하기 때문이다. 볼을 띄우려고 생각하면 손목으로 클럽 헤드를 들어 올리면서 볼의 가운데나 윗 부분을 치게 된다.

스윙을 너무 급하게 해도 토핑의 원인이 된다. 라운딩 도중 토핑이 난다면 백스윙 톱에서 한 템포 쉬었다가 다운스윙한다고 생각하고 볼을 치면 쉽게 고칠 수 있다.

토핑의 원인
❶ 볼을 띄우려는 생각을 한 경우
❷ 어드레스 때 볼이 왼발에 있는 경우
❸ 볼과의 거리가 너무 먼 경우
❹ 다운스윙을 급하게 하는 경우
❺ 어드레스 때 척추의 각을 유지하지 못하거나 임팩트 때 몸의 기울기가 곧게 선 경우
❻ 임팩트 때 왼쪽 팔꿈치를 당긴 경우
❼ 다운스윙 때 체중이 왼쪽으로 이동하지 못한 경우

토핑 해결 방법

정지되어 있는 볼을 띄울 수 있는 가장 좋은 방법은 클럽 헤드의 로프트 각을 이용하는 것이다. 골프 클럽은 번호에 따라 각각 다른 로프트 각을 가지고 있다. 그 이유는 볼의 탄도를 이용해 거리 조절을 하기 위해서다.

손목을 이용해 볼을 걷어 올려 띄우려 하지 말고, 클럽 헤드를 볼과 땅이 닿아 있는 부분으로 슬라이딩시킨다는 생각으로 스윙하면 토핑을 고칠 수 있다.

코스 매니지먼트

　코스 매니지먼트는 스코어를 줄이는 데 가장 중요한 역할을 한다. 몇 가지 사항만 알아두어도 스코어를 줄이는 데 많은 도움이 될 것이다.

　코스를 공략할 때 티잉 그라운드에서 세컨드샷을 하기 편하게 만들어 놓는 것이 중요하다. 티잉 그라운드에 올라 가면 우선 홀의 생김새를 확인하여야 한다. 왼쪽 도그랙 홀인지, 오른쪽 도그랙 홀인지를 확인하고 코스를 공략하는 것이 좋다. 또한 무조건 페어웨이 중간을 공략하기보다는 높은 쪽을 공략하는 것이 유리하다. 만약 왼쪽이 산이고 오른쪽이 절벽이라면 티잉 그라운드 오른쪽에서 왼쪽 산을 향해 볼을 치는 것이 안전하다. 대부분 높은 쪽으로 볼이 가면 내려 올 확률이 크지만, 절벽으로 떨어지면 볼이 절대 올라올 수 없기 때문이다.

　페어웨이에 있는 장애물에 따라서도 클럽 선택과 방향 설정을 잘 해야 한다. 페어웨이에는 벙커, 해저드, 나무 등 여러 가지 장애물들이 있다. 티샷에서 무조건 거리만 많이 내려 하지 말고 볼을 페어웨이에 잘 갖다 놓는 것이 무엇보다 중요하다. 티잉 그라운드의 어느 쪽에 볼을 놓고 치는 지도 중요하다. 슬라이스 구질을 가지고 있는 골퍼들은 티잉 그라운드 오른편에 볼을 놓고 페어웨이 중앙보다 왼쪽을 향해 스윙하는 것이 유리하다. 반대로 훅 구질을 가진 골퍼들은 티잉 그라운드 왼편에 볼을 놓고 페어웨이 중앙보다 오른쪽을 향해 스윙하는 것이 좋다.

훅 구질을 가지고 있는 골퍼

슬라이스 구질을 가지고 있는 골퍼

파3홀 공략법

가장 먼저 그린 주위의 장애물들을 살펴보는 것이 좋다. 파3홀의 경우 워터 해저드나 그린 주위에 벙커가 많기 때문에 그린의 중앙을 공략하는 것이 바람직하다. 거리는 핀의 위치에 따라 조금씩 달라진다. 티잉 그라운드에 적혀있는 거리 표시는 그린 중앙까지의 거리를 말한다. 그린의 크기에 따라 다르겠지만 핀의 위치에 따라 한두 클럽 길게 잡기도 하고 짧게 잡기도 한다. 또한 바람의 방향과 세기도 계산해야 한다. 그린에서 티잉 그라운드 방향으로 바람이 불면 바람의 세기에 따라 거리를 더 멀리 봐야 한다. 반대로 티잉 그라운드에서 그린으로 바람이 불면 거리를 짧게 봐야 한다. 파3홀에서 티샷은 티 위에 볼을 놓고 스윙하는 것이 좋다. 티 위에 볼을 놓고 샷을 하면 높은 탄도의 구질을 만들 수 있는데, 파3홀에서는 높은 탄도의 샷을 구사하는 것이 안전하기 때문이다.

Par3
229미터 이하의 짧은 홀로서 티잉 그라운드에서 한 번에 볼을 그린에 올리고 두 번 만에 홀컵에 넣는 홀이다. 100타 깨기를 목표로 하는 골퍼들은 무조건 그린 중앙을 공략하는 것이 좋다.

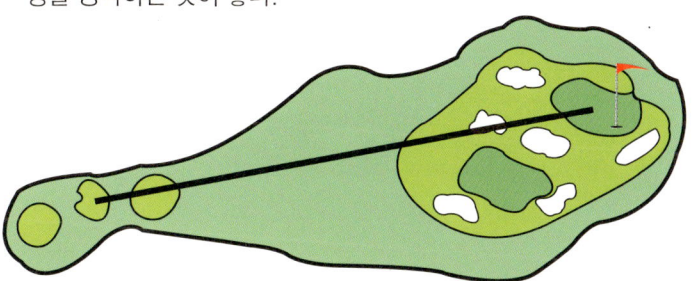

파4홀 공략법

먼저 티잉 그라운드에서 코스의 특성을 살펴보는 것이 좋다. 홀 모양과 장애물 위치를 파악하고 홀을 어떻게 공략할 것인가를 생각해 본다. 만약 드라이버 평균 거리가 230m인데, 티잉 그라운드에서 벙커까지의 거리가 220m라면 3번 우드로 공략하는 것이 좋다. 페어웨이 벙커에서 샷하는 것보다는 한두 클럽 길게 잡더라도 페어웨이에서 샷하는 것이 심적인 부담이 훨씬 덜하기 때문이다.

자연적인 요소들도 고려해야 한다. 그러므로 바람의 방향과 세기를 확인하고 목표점을 설정한다. 뒤에서 바람이 부는 경우 티를 높게 꽂아 높은 탄도의 샷을 구사하는 것이 좋고, 바람이 앞에서 부는 경우 티를 낮게 꽂아 낮은 탄도의 샷을 구사하는 것이 좋다. 세컨드샷은 그린 주변을 잘 살펴보아야 한다. 핸디가 낮은 골퍼들은 그린의 경사나 핀의 위치를 생각하고 목표를 정하는 것이 좋으나, 100타를 깨기 위한 골퍼들은 핀의 위치는 생각하지 말고 벙커를 피해 최대한 안전하게 그린 위에 올려놓는 것이 중요하다.

Par4
230~430미터의 홀로서 두 번에 볼을 그린에 올리고 두 번 만에 홀컵에 넣는 홀이다. 드라이버로 친 볼이 벙커나 해저드에 들어갈 확률이 있으면, 벙커나 해저드에 들어가지 않을 정도의 짧은 클럽으로 안전하게 공략한다.

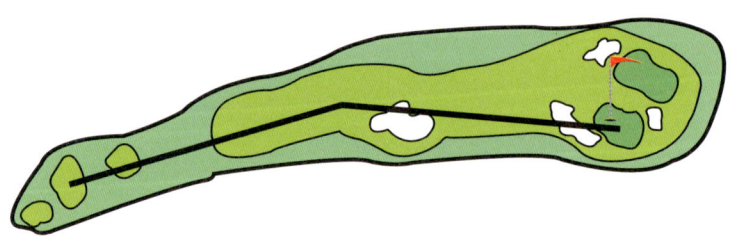

파5홀 공략법

버디를 할 것인지, 파를 할 것인지, 보기를 할 것인지, 목표를 정해 놓는 것이 좋다. 파5홀은 핸디가 낮고 거리가 멀리 나가는 장타자들에게는 버디 찬스의 홀로서 핸디가 높고, 거리가 짧은 골퍼들에게는 부담이 되는 홀이다.

사실 아마추어 골퍼들이 두 번만에 그린에 올린다는 것은 매우 힘든 일이다. 그러므로 두 번만에 샷을 올려 이글 찬스나 버디 찬스를 만들려는 욕심은 버리는 것이 좋다.

파5홀에서 파나 버디를 할 수 있는 가장 좋은 방법은 세 번째 샷을 자신이 가장 좋아하는 거리에 갖다 놓는 것이다. 누구나 본인에게 가장 자신 있는 클럽이 있을 것이다. 만약 130m를 7번 아이언으로 샷을 하는 것이 가장 자신 있다면, 볼을 3번 우드로 멀리 보내 90m를 남겨 놓는 것보다는, 5번 아이언으로 두 번째 샷을 하여 130m에 남겨 놓는 것이 훨씬 좋다.

아마추어들이 피칭으로 100m를 보낸다면 50~90m 사이의 거리를 맞추기는 힘들다. 오히려 130m를 7번 아이언으로 풀 스윙하는 것이 거리 맞추기가 쉽다. 프로들도 마찬가지로 풀 스윙으로 거리를 맞추는 것을 가장 좋아한다. 두 번째 샷을 무리하게 하여 실수한다면 세 번째 샷을 그린에 올리기에는 만만치 않은 거리를 남기게 된다. 파5홀은 무리하게 모험을 하는 것보다는 안전하게 세 번 만에 그린에 올려 파를 한다는 목표로 공략하는 것이 좋다.

Par5

431미터 이상 되는 홀이다. 세 번에 볼을 그린에 올리고 두 번 만에 홀컵에 넣는 홀이다. 두 번째 샷을 무조건 멀리 보내는 것보다 세 번째 샷을 자신이 가장 자신있는 거리에 맞추어 공략하는 것이 좋다.

부록 | 1. 자신에게 맞는 클럽 선택하기
2. 룰만 잘 알아도 5타는 줄인다
3. 꼭 알고 있어야 할 골프 매너
4. 경기 방식

Golf

부록

1 자신에게 맞는 클럽 선택하기

골프를 처음 시작하면서 생기는 고민거리 중 하나가 골프채를 구입하는 것이다. 대부분 사람들은 브랜드에 의존하여 골프채를 구입한다. 물론, 브랜드 모델에 따라 볼을 치는 감이나 볼이 나가는 거리가 다를 수 있다. 그러나 클럽을 선택할 때 가장 먼저 고려해야 할 사항은 자신의 신체적 특징과 스윙에 맞는가이다.

자신에게 맞지 않는 클럽을 사용하면 스윙에 문제가 생길 수 있으며, 볼을 보내고자 하는 곳으로 보내기 어렵고, 거리 면에서도 많은 손해를 볼 수 있다. 뿐만 아니라 부상을 당할 위험도 커진다. 자신을 가르치고 있는 프로나 전문숍에 가서 충분한 상담을 한 후 클럽을 선택하는 것이 바람직하다.

클럽 선택 시 고려 사항

- 연령, 키, 체중, 손 크기, 유연성, 근력
- 스윙 스피드, 파워, 스윙 템포
- 구력, 핸디, 연습량

샤프트 선택하기

샤프트 종류

샤프트의 종류는 스틸과 그라파이트 두 가지로 나눌 수 있다. 드라이버는 일반적으로 그라파이트를 사용하는데 아이언은 둘 중 하나를 선택하여야 한다.

스틸 : 스틸 샤프트는 무겁기 때문에 힘이 센 젊은 남성 골퍼들이 사용하기에 적합하다. 보통 125g, 95g을 가장 많이 사용하고 이보다 가벼운 초경량 샤프트들도 나오고 있다.

스틸 샤프트의 장점은 일관성 있는 샷을 할 수 있고, 볼을 맞히는 순간 진동이 직접 전달되어 정확히 맞혔는지 알 수 있다는 점이다. 대부분 프로 골퍼들이 이 샤프트를 사용하고 있다. 단점은 진동을 흡수하지 못하여 팔과 손목에 부상을 가져올 수 있고, 클럽이 무거워 힘이 약한 남성과 여성 골퍼들은 사용하기 어렵다는 것이다.

그라파이트 : 그라파이트 샤프트는 무게가 가벼워 일반 아마추어 골퍼와 여성 골퍼들에게 적합하다. 장점은 클럽이 가벼워 스윙하는 데 무리가 없고, 헤드 스피드를 빠르게 낼 수 있어 거리를 멀리 보낼 수 있다는 점이다. 또 샤프트 재질상 진동을 흡수하여 부상을 예방할 수 있다. 일반적으로 아마추어 골퍼 대부분이 이것을 사용한다. 단, 단점은 스틸에 비해 가격이 비싸다는 점이다.

샤프트 플랙스

샤프트는 강도에 따라 L, A, R, SR, S, X로 구분한다. 다음 표에서와 같이 헤드 스피드가 빠른 장타자가 플랙스가 약한 L 샤프트를 사용하면 임팩트 순간 클럽 헤드가 닫히면서 훅 구질이 된다. 반대로 헤드 스피드가 느린 여성 골퍼가 플랙스가 강한 샤프트를 사용하면 볼을 멀리 보낼 수 없고 슬라이스 구질이 된다.

기호	명칭	헤드 스피드	사용 대상
L	레이디스	70마일	여성과 시니어
A	아마추어	80마일	힘이 강한 여성, 힘이 약한 남성
R	레귤러	90마일	일반 남성, 힘이 아주 강한 여성
SR	스티프 레귤러	100마일	힘이 조금 강한 남성
S	스티프	110마일	힘이 강한 남성
X	엑스트러 스티프	120마일	힘이 아주 강한 남성, 프로

샤프트 길이

클럽	1번 우드	2번 우드	3번 우드	4번 우드	5번 우드
길이	44인치	43.5인치	43인치	42.5인치	42인치

클럽	3 I	4 I	5 I	6 I	7 I	8 I	9 I	PW	SW
길이	39	38.5	38	37.5	37	36.5	36	35	35

클럽 헤드 선택하기

헤드 종류

주조 헤드 : 금속 성분을 쇳물로 녹였다가 틀에 넣어 찍어 내는 방식으로 만든다. 대량 생산이 가능하여 단조 헤드보다는 가격이 싸고 표면에 쉽게 상처가 생기지 않아 실용적인 장점이 있다. 그러나 제작 과정에서 경도가 높아 타구감이 딱딱하고 라이 각과 로프트 각을 조절하기 어렵다는 단점이 있다.

단조 헤드 : 쇠를 달구어 두들겨 만든다. 주조 헤드에 비해 경도가 낮아 타구감이 부드럽다. 임팩트 순간 볼이 클럽 페이스에 밀착되는 시간이 길어 볼을 조절하기 좋고 스핀도 많이 생긴다. 프로 선수와 상급자들이 많이 사용한다. 그러나 클럽의 변형이 쉽고 가격이 비싸다는 단점이 있다.

로프트 각, 우드

클럽	1번 우드	3번 우드	5번 우드	7번 우드
로프트 각	10.5°	15°	21°	24°

클럽	3I	4I	5I	6I	7I	8I	9I	PW	SW
로프트 각	20°	23°	26°	30°	34°	38°	42°	46°	56°

골프 클럽의 기초 상식

골프 클럽은 총 14개까지 사용할 수 있다. 그런데 이렇게 여러 개의 클럽이 필요한 이유는 무엇일까? 클럽이 14개인 이유는 클럽마다 풀 스윙을 했을 때 볼이 날아가는 거리가 다 다르기 때문이다. 클럽의 숫자가 낮을수록 거리는 멀어지고 볼의 탄도가 낮아진다. 우드 중에는 1번 우드를, 아이언 중에는 1번 아이언을 사용할 때 볼이 가장 멀리 날아간다. 그러나 아이언은 1번, 2번은 거의 사용하지 않고 3번부터 사용한다. 클럽 번호가 같으면 우드가 아이언보다 볼을 훨씬 더 멀리 보낸다. 우드는 방향성을 생각하기보다 거리를 많이 낼 때 사용하고, 아이언은 정확히 볼을 보낼 때 사용하며, 퍼터는 볼을 홀컵에 넣을 때 사용한다.

클럽별 표준 거리와 구질

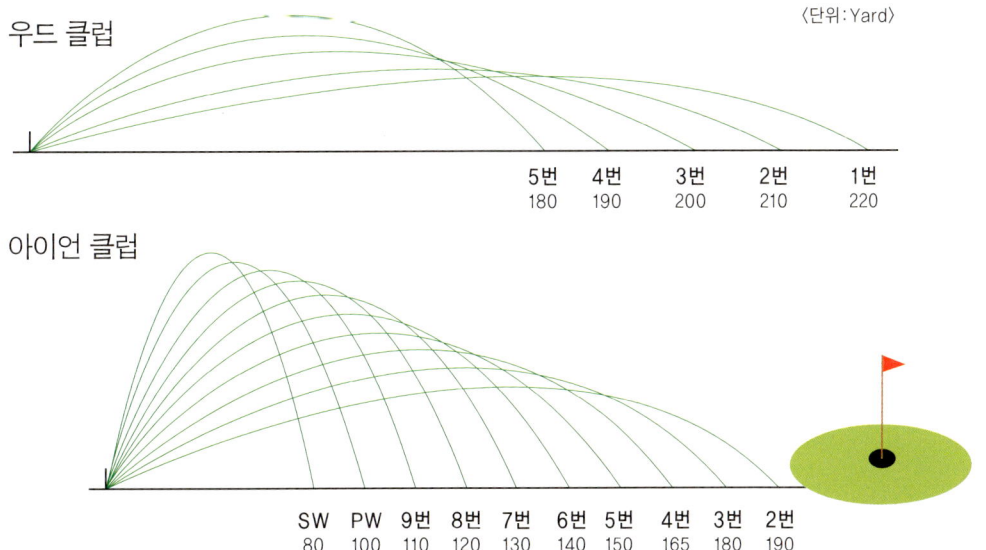

우드 클럽 〈단위:Yard〉

5번	4번	3번	2번	1번
180	190	200	210	220

아이언 클럽

SW	PW	9번	8번	7번	6번	5번	4번	3번	2번
80	100	110	120	130	140	150	165	180	190

2 룰만 잘 알아도 5타는 줄인다

티잉 그라운드(각 홀에서 첫 번째 샷을 하기 위해 만들어진 곳)

어드레스가 완료되기 전 샷을 준비하는 과정에서 볼을 치려는 의도가 없었는데 살짝 건드려 볼이 티에서 떨어졌다.

볼을 치려는 의도가 없이 실수로 건드린 것이므로 무벌타로 다시 올려놓고 치면 된다. 만약 어드레스 후 헛스윙을 한 경우에는 1타 친 걸로 간주하기 때문에 절대로 손을 대서는 안 된다.

순서를 착각하여 다른 사람을 제치고 먼저 치고 말았다.

동반 경기자에게 사과하고 벌타 없이 계속 진행하면 된다. 에티켓 문제이기 때문에 벌타는 없다.

티샷한 볼이 숲 속이나 OB선 밖으로 나가 버렸다.

우선 잠정구를 쳐두는 것이 좋다. 볼을 찾기 시작하여 5분 안에 못 찾으면 분실구 처리가 된다. 찾더라도 흰색 말뚝 밖으로 나가 있으면 다시 쳐야 한다. 분실구는 1벌타를 받고 원래 위치에서 다시 친다. 2번째 치는 샷은 3타째가 된다. 잠정구를 쳐두면 다시 돌아가는 힘과 시간을 절약할 수 있다.

2번홀 티샷을 하려고 가방을 살펴보니 클럽이 15개 들어있었다.

15개 이상 클럽을 휴대하면 위반이 된다. 1홀에 2벌타를 받고, 1라운드 중 최고 4벌타까지 받는다. 초과하는 개수의 클럽을 사용하지 않겠다고 선언하지 않으면 실격이 된다.

스루 더 그린

볼을 치기 전에 실수로 볼을 건드렸다.

어드레스하기 전이라고 해도 페어웨이에서 볼을 움직이면 1벌타를 받고 원래 위치에 놓고 친다.

티샷한 볼이 포장해 놓은 카트 도로에 멈추었다.

포장 도로는 움직일 수 없는 장애물이기 때문에 벌타 없이 구제 받을 수 있다. 그린에서 가깝지 않게 1클럽 길이 이내에 드롭하고 치면 된다.

볼이 진흙에 덮여서 누구 것인지 식별하기 어려워 플레이를 못 하고 있다.

벌타 없이 볼을 집어 올려 식별할 수 있을 정도로 닦을 수 있다. 단, 볼을 집어 올리기 전 동반 경기자에게 의사를 전달한 후 볼 위치에 마크를 하고 집어 올린다. 마크를 안 하고 집어 올리면 1벌타를 받는다.

볼이 나무 위에 걸려 볼을 치는 것이 불가능하게 되었다.

도저히 칠 수 없는 경우 1벌타를 받고 볼을 떨어뜨린다. 나무 위에 걸려 있었던 곳의 수직 아래 지점에서 2클럽 이내에 볼을 드롭하고 플레이하면 된다.

러프에 들어 간 자신의 볼을 찾다가 자기도 모르게 볼을 발로 찼다.

정지된 자신의 볼을 발로 차 움직인 경우 1벌타를 받고 원 위치에 돌려 놓고 다시 플레이한다. 단, 움직인 볼이 자신의 것이 아닌 다른 동반 경기자의 것이라면 벌타 없이 원 위치에 놓는다.

해저드

샷한 볼이 연못으로 들어가 버렸다.

1벌타를 받고 첫 번째 볼을 친 장소에서 다시 드롭하여 친다. 두 번째 볼이 마지막으로 연못에 들어간 경계 직선상의 그린에서 가깝지 않게 후방으로 드롭하여 친다.

샷한 볼이 워터 해저드에 들어 간 줄 알고 그 볼을 쳤던 원 위치에서 다른 볼로 쳤는데, 처음에 친 볼을 해저드 근처에서 찾았다.

해저드 밖에서 최초에 볼을 찾았더라도 최초의 볼은 분실구가 된다. 1벌타 받고 2번째 친 볼로 플레이한다. 그러면 최초에 친 볼 1타, 벌타 1타, 두 번째 친 볼 1타를 합산하면 4타째가 된다.

벙커에 들어간 볼이 벙커 턱에 박혀 그대로는 칠 수가 없다.

1벌타를 받고 벙커 안에서 드롭하여 칠 수 있다. 볼이 있는 곳에서 2클럽 이내에 드롭하거나 홀과 볼의 직선상 위치에서 뒤로 거리 제한 없이 벙커 안에서 드롭할 수 있다.

벙커에서 연습 스윙을 하다가 클럽이 모래에 닿았다.

연습 스윙은 아무데서나 가능하지만 벙커나 해저드에서는 조심해야 한다. 벙커에서 연습 스윙을 하다가 클럽이 모래에 닿으면 2벌타를 받는다.

벙커 안에 들어간 볼 옆에 종이컵이 있다.

인공 장애물이기 때문에 벌타 없이 치우고 칠 수 있다.

그린

마크를 하지 않고 그냥 볼을 집어 올렸다가 나중에 알고 동전으로 마크를 했다.
1벌타를 받고 볼을 정확히 있던 곳에 놓고 경기를 계속한다. 볼을 집어올릴 때는 반드시 마크를 한 후 손으로 집어올려야 한다.

그린 위에서 퍼팅을 했는데, 볼이 동반 경기자의 볼을 맞혔다.
동반 경기자의 정지된 볼을 맞혔기 때문에 2벌타를 받는다. 퍼팅한 볼은 정지한 상태 그대로 놓고 경기한다. 동반 경기자의 볼은 원 위치에 놓고 벌타 없이 경기하면 된다.

홀 가까이 있던 볼이 바람이 불어 홀로 들어가 버렸다.
볼이 정지한 상태에서 기다렸다 10초 안에 들어가면 인정한다.

그린 위에서 친 볼이 홀컵에 꽂혀 있는 깃대를 맞고 튀어 나왔다.
그린 위에서 깃대를 맞추면 2벌타를 받는다. 볼이 정지해 있는 장소에서 계속 경기하면 된다. 그린 밖에서 어프로치하다가 깃대에 맞는 것은 벌타 없이 경기한다.

퍼팅 선상에 물이 고여 있어 도저히 칠 수 없는 상태이다.
벌타 없이 볼을 집어 올려 다른 곳에 놓고 칠 수 있다. 볼이 있던 곳에서 가장 가까운 곳에서 구제를 받는다.

3 꼭 알고 있어야 할 골프 매너

❶ 약속 시간을 잘 지킨다
출발 시간보다 최소 10분 정도 먼저 도착하여 준비하여야 한다. 약속 시간에 늦으면 같이 경기하는 사람들도 기다려야 하고, 너무 늦으면 아예 골프를 칠 수가 없게 된다.

❷ 다른 사람이 볼을 칠 때에는 조용히 한다
다른 사람이 볼을 치려고 어드레스를 하면 조용히 해야 한다. 골프는 집중력을 필요로 하는 운동이므로 볼을 치려는 순간에 누군가가 말을 하거나 움직이면 집중력을 잃게 되므로 볼을 치는 사람을 방해하는 결과가 된다.

❸ 경기 순서를 잘 지킨다
골프는 치는 순서가 명확히 구분되어 있다. 전 홀에서 잘 치거나 볼이 거리가 많이 나가느냐에 따라 순서를 결정하기 때문에 차례를 어기면 다른 사람 기분을 상하게 할 수 있다.

❹ 경기를 지연하는 행동을 삼간다
시합 도중 지연 경기를 하면 벌타를 받거나 심하면 실격될 수도 있다. 다른 사람은 정상적으로 경기하는데 자신 때문에 팀 전체가 벌타를 받지 않게 주의한다.

❺ 안전거리를 유지하고 볼을 친다
앞에 사람이 있는데 거기까지 안 가겠지 생각하고 볼을 쳐서 사람을 맞히거나 바로 옆에 떨어뜨려 위협을 주어서는 안 된다. 볼에 맞아 부상을 당하는 일이 상당히 많으므로 특히 조심한다.

❻ 벙커 정리를 잘하고 나온다

다음 칠 사람을 위해서 벙커는 잘 정리해 놓는다. 자신이 벙커 안에 만들어 놓은 발자국 때문에 누군가가 볼을 치기가 어려워지면 안 된다. 모든 사람이 똑같은 조건에서 볼을 칠 수 있게 만들어야 한다.

❼ 상대방의 퍼팅 선상을 밟지 않는다

다른 사람이 퍼팅할 때 볼이 지나가야 할 길을 발로 밟아 훼손하지 않는다.

❽ 퍼팅할 때 그림자가 보이지 않게 한다

퍼팅할 때 그림자가 움직이면 시선이 분산되고 집중력을 잃게 되어 볼을 제대로 칠 수 없게 된다. 퍼팅할 때는 조용히 하고 어드레스했을 때는 최대한 시야에 보이지 않는 곳에 있는다.

❾ 상대방을 향하여 빈 스윙을 하지 않는다

다른 사람이 앞에 있는데 빈 스윙을 하면 상당히 위험하다. 혹시 실수로 땅을 치면 모래가 튀고 조그만 돌이라도 있으면 큰 사고가 날 수 있다. 클럽이 부러지면서 사람을 맞혀 부상을 당하는 일도 많다.

4 경기 방식

스트로크 플레이

18홀을 돌며 볼을 친 횟수를 총 합하여 승부를 결정한다. 가장 적은 타수를 친 사람이 우승자가 된다. 보통 텔레비전에서 중계하는 대부분의 골프 경기 방식은 스트로크 플레이다. 타이거 우즈가 몇 언더파 우승을 하고 선두와 몇 개 차이라고 말하는 것은 볼을 친 타수를 말한다.

1등의 타수가 같을 경우 프로 대회에서는 미리 룰을 정하고 연장전을 한다. 아마추어 경기에서는 순위를 매기는 방식을 대회 전에 정한다. 순위를 정하는 방법으로는 동점이 나올 때 연장자를 우승자로 하거나, 백카운트(18홀 중 후반 9홀의 점수가 적은 선수가 이기는 방식)로 결정하는 등 여러 가지가 있다.

홀	1	2	3	4	5	6	7	8	9	Out
Champion	446	388	516	465	201	505	432	180	412	3545
Regular	410	364	486	423	175	485	382	162	355	3242
Front	324	312	401	305	135	398	298	145	285	2063
PAR	4	4	5	4	3	5	4	3	4	36
A선수	4	4	4	3	3	5	5	3	4	35
B선수	5	5	5	4	4	5	5	3	5	41
C선수	6	5	6	7	4	6	6	4	6	50

매치 플레이

각 홀마다 승부를 가린다.

18홀을 끝내고 이긴 홀이 많은 사람을 우승자로 한다. 1홀을 이겼을 때 1업, 1홀을 졌을 때 1다운, 무승부는 하프라고 한다. 매치 플레이는 어느 홀에서든 승부가 결정 된다. 예를 들어, 14번 홀까지 A선수가 5Up이라고 하면 B선수는 나머지 4홀을 다 이긴다 해도 A선수를 이길 수 없게 된다. 이 경우 경기를 종료한다.

매치 플레이는 보통 실력이 같은 사람과 하는 경우가 많지만 실력 차이가 있어도 핸디캡 홀을 만들어 같이 할 수 있다. A선수와 B선수의 핸디 차이가 18이면 실력이 좋은 쪽에 한 홀에 한 타의 핸디를 준다. 점수가 같으면 핸디를 받은 사람이 그 홀을 이긴다.

홀	1홀	2홀	3홀	4홀	5홀	6홀	7홀	8홀	9홀	Out
A선수	Up	-	Up	Down	-	Up	Down	-	Up	2Up
B선수	Down	-	Down	Up	-	Down	Up	-	Down	2Down

홀	10홀	11홀	12홀	13홀	14홀	15홀	16홀	17홀	18홀	In	Total
A선수	Up	-	-	Up	-	Down	Up	-	Up	1Up	3Up
B선수	Down	-	-	Down	-	Up	Down	-	Down	1Down	3Down

※ A선수가 7홀을 이기고 B선수가 4홀을 이겼기 때문에 A선수가 3Up으로 이기게 된다.

전국 골프장 주소록

수도권 골프장 전화번호 & 주소

강남300_ 031)719-0300   경기도 광주군 광주읍 목리 497-6
경기_ 031)763-7997/8   경기도 광주군 실촌면 오향리 156-1
곤지암_ 031)760-3500, 3421/4   경기도 광주군 도척면 도웅리 산41
골드_ 031)286-8111/2, 02)744-8111/3   경기도 용인시 기흥읍 고매리 산18
관악_ 031)376-6711/2, 02)2252-3171/3   경기도 화성군 동탄면 오산리 산22
광릉_ 031)528-7001   경기도 남양주시 진접읍 팔야리 산1
그린힐_ 031)761-5804, 02)3467-1024   경기도 광주군 실촌면 이선리 산208-1
금강_ 031)884-9950/3   경기도 여주군 가남면 본두리 1-2
기흥_ 031)376-4005/7, 02)2237-3067   경기도 화성군 동탄면 신리 산46-1
김포시사이드_ 031)987-9992/3   경기도 김포시 월곶면 포내리 220-6
나산_ 031)531-2003/6   경기도 포천군 일동면 기산리 산142-1
남부_ 031)286-8603/4   경기도 용인시 기흥읍 보라리 1-35
남서울_ 031)709-6000/6   경기도 성남시 분당구 백현동 산71-2
남성대_ 02)403-0071/5   서울시 송파구 장지동 419
남수원_ 031)237-1201/3   경기도 화성군 태안읍 송산1리 170
뉴서울_ 031)762-5672/5, 02)766-4569   경기도 광주군 광주읍 삼리 1
뉴코리아_ 02)353-0091   경기도 고양시 덕양구 신원동 227-12
다이너스티_ 031)869-7770, 02)543-0413   경기도 동두천시 하봉암동 산33-1
대영루미나_ 031)881-1500/9   경기도 여주군 북내면 운촌리 산4
덕평_ 031)638-9626/8   경기도 이천시 호법면 매곡리 704-28
동서울_ 02)480-5600   경기도 하남시 감이동 260-1
동진_ 031)630-7500/1, 02)2263-2001   경기도 이천시 모가면 두미리 산76
레이크사이드_ 031)334-2111/8   경기도 용인시 모현면 능원리 산5-12
레이크힐스_ 031)336-8350   경기도 용인시 남사면 창리 산103-3
로얄_ 031)840-1515/7   경기도 양주군 주내면 만송리 555
발안_ 031)352-5061/2   경기도 화성군 팔탄면 해창리 256-5
서서울_ 031)943-0040, 4103/5   경기도 파주시 광탄면 용미리 산79-1
서원밸리_ 031)941-1417/8, 02)365-4660/1   경기도 파주시 광탄면 발랑리 산48-1
세븐힐스_ 031)674-8791/5   경기도 안성시 금광면 삼흥리 산1
썬힐_ 031)585-7900, 02)3445-2341/5   경기도 가평군 하면 하판리 산162-1
송추_ 031)871-9410/8   경기도 양주군 광적면 비암리 산23-1
수원_ 031)281-6613   경기도 용인시 기흥읍 구갈리 313
신라_ 031)886-3030/5   경기도 여주군 북내면 덕산리 산3-1
신안_ 031)673-8853/4 02)3467-1024   경기도 안성시 고삼면 가유리 650
신원_ 031)333-1800   경기도 용인시 이동면 묵리 49-1
아시아나_ 031)334-8800   경기도 용인시 양지면 대대리 산281-1
안성_ 031)674-9111/4   경기도 안성시 죽산면 장계리 736-4
안양베네스트_ 031)462-0051/2, 02)866-1414/5   경기도 군포시 부곡동 1
양주_ 031)592-6060/4   경기도 남양주시 화도읍 금남리 300
양지파인_ 031)338-2001/3, 02)744-2001/2   경기도 용인시 양지면 남곡리 34-1
여주_ 031)883-7000   경기도 여주군 여주읍 월송리 35-10
은화삼_ 031)335-8255/6   경기도 용인시 남동 산118-1
이포_ 031)886-8100   경기도 여주군 금사면 장흥리 산1
인천국제_ 032)562-6666/7   인천시 서구 경서동 177-1
일동레이크_ 031)536-6800, 6808/9   경기도 포천군 일동면 유동리 21-2
자유_ 031)884-8400/5, 880-9900   경기도 여주군 가남면 삼군리 산44
제일_ 031)400-2500   경기도 안산시 부곡동 587
중부_ 031)762-6588   경기도 광주군 실촌면 곤지암리 산28-1
지산_ 031)330-1400   경기도 용인시 원삼면 맹리 산29-8
코리아_ 031)334-7111/4   경기도 용인시 이동면 서리 772-1
클럽700_ 031)884-0701/4   경기도 여주군 대신면 상구리 11-1
클럽비전힐스_ 031)595-3355   경기도 남양주시 화도읍 녹촌리 산52-1
태광_ 031)281-7111/5, 02)764-7858   경기도 용인시 기흥읍 신갈리 산66
태릉_ 02)972-2111/5   서울시 노원구 공릉동 산230-30
태영_ 031)330-9700   경기도 용인시 원삼면 죽능리 산38
파인크리크_ 031)672-0071   경기도 안성시 양성면 노곡리 701-3
88_ 031)287-8811/3   경기도 용인시 구성면 청덕리 80-2

포천아도니스 031)530-9100 경기도 포천군 신북면 고일리 산59
프라자 031)332-1122 경기도 용인시 남사면 봉무리 257-1
한성 031)284-3831/7, 02)943-4501/2 경기도 용인시 구성면 보정리 산32-1
한양 031)969-0810/8 경기도 고양시 덕양구 원당동 산38-23
한원 031)373-7111/5 경기도 용인시 남서면 북리 859-1
한일 031)884-7000/7 경기도 여주군 가남면 양귀리 산69
화산 031)329-7114 경기도 용인시 이동면 화산리 산28-1

강원 충청권 골프장 전화번호 & 주소
강촌 033)262-0933/5, 260-2001 강원도 춘천시 남산면 백양리 29-1
설악프라자 033)635-7711, 5511 강원도 속초시 장사동 24-1
오크밸리 033)730-3500, 2911 강원도 원주시 지정면 월송리 1016
용평 033)335-5757, 5768 강원도 평창군 도암면 용산리 130
춘천 033)260-1114, 1327 강원도 춘천시 신동면 정족리 1007-1
휘닉스파크 033)330-3000, 6000 강원도 평창군 봉평면 면온리 1095
계룡대 042)550-7350 충남 논산시 두마면 남선리 501
남강 043)846-5001/5 충북 충주시 앙성면 중전리 산11-1
도고 041)542-4411/5 충남 아산시 선장면 신성리 113-8
떼제베 043)234-2880/2 충북 청원군 옥산면 환희리 산102
우정힐스 041)557-2902/5 충남 천안시 목천면 운전리 산29
유성 042)822-7103/6 대전시 유성구 덕명동 215-7
중앙 043)533-6666/8 충북 진천군 백곡면 성대리 산103-1
천룡 043)534-1001 충북 진천군 이월면 신계리 산77-1
천안상록 041)560-9555/6, 9071/2 충남 천안시 수신면 장산리 669-1
청주(그랜드) 043)212-7111/4 충북 청원군 오창면 화산리 40-1
충주 043)853-7241/7 충북 충주시 금가면 월상리 산95-1
프레야충남 041)862-4004, 863-5810/4 충남 연기군 전의면 유천리 495-2

부산 대구 경상권 골프장 전화번호 & 주소
가야 055)337-0091/5 경남 김해시 삼방동 산1
경북 054)971-9900 경북 칠곡군 왜관읍 매원리 산295-1
경주조선 054)740-8360, 745-7701 경북 경주시 신평동 산5
대구 053)854-0002 경북 경산시 진량읍 선화리 67-2
동래베네스트 051)513-0101/4 부산시 금정구 선동 산128
동부산 055)388-1315/7 경남 양산시 웅상읍 매곡리 131
마우나오션 054)771-0900 경북 경주시 양남면 신대리 산140-1
부곡 055)521-0707/9 경남 창녕군 부곡면 거문리 산263
부산 051)508-0707/10 부산시 금정구 노포동 368
선산 054)473-6200 경북 구미시 산동면 인덕리 산39-1
양산아도니스 055)371-3500 경남 양산시 웅상읍 매곡리 산1
용원 055)552-0080/4 경남 진해시 용원동 산39
울산 052)268-0707/10 울산시 울주군 웅촌면 대대리 산105
진주 055)758-5971/3 경남 진주시 진성면 상촌리 산1
창원 055)288-4112/4 경남 창원시 봉림동 산50
통도 055)382-9111/3 경남 양산시 하북면 답곡리 233
팔공 053)982-8080/5 대구시 동구 도학동 산1

광주 전라 제주권 골프장 전화번호 & 주소
광주 061)362-5533, 062)523-5533 전남 곡성군 옥과면 합강리 산 410
남광주 061)373-5511, 5522, 5533 전남 화순군 춘양면 양곡리 산67
승주 061)740-8000 전남 순천시 상사면 오곡리 산177
클럽900 061)371-0900 전남 화순군 도곡면 쌍옥리 산15-1
익산 063)835-2521/5 전북 익산시 덕인동 산226-1
태인 063)532-7200 전북 정읍시 태인면 증산리 산3
오라 064)747-5100 제주도 제주시 오라동 289
제주 064)702-0451/6 제주도 제주시 영평동 2238-2
제주다이너스티 064)766-6200 제주도 남제주군 남원읍 신흥리 산30
중문 064)735-7200, 738-1201/4 제주도 서귀포시 색달동 3125-1
크라운 064)784-4811 제주도 북제주군 조천읍 북촌리 산65
캐슬렉스 064)793-6688 제주도 남제주군 안덕면 광평리 산125
핀크스 064)792-5200, 1886 제주도 남제주군 안덕면 상천리 산62-3

가림출판사 · 가림M&B · 가림Let's에서 나온 책들

문학

바늘구멍 켄 폴리트 지음 / 홍영의 옮김
신국판 / 342쪽 / 5,300원

레베카의 열쇠 켄 폴리트 지음 / 손연숙 옮김
신국판 / 492쪽 / 6,800원

암병선 니시무라 쥬코 지음 / 홍영의 옮김
신국판 / 300쪽 / 4,800원

첫키스한 얘기 말해도 될까 김정미 외 7명 지음
신국판 / 228쪽 / 4,000원

사미인곡 上·中·下 김충호 지음
신국판 / 각 권 5,000원

이내의 끝자리 박수완 스님 지음
국판변형 / 132쪽 / 3,000원

너는 왜 나에게 다가서야 했는지 김충호 지음
국판변형 / 124쪽 / 3,000원

세계의 명연 편집부 엮음
신국판 / 322쪽 / 5,000원

여자가 알아야 할 101가지 지혜
제인 아서 엮음 / 지장호 옮김 / 4×6판 / 132쪽 / 5,000원

현명한 사람이 읽는 지혜로운 이야기 이정민 엮음
신국판 / 236쪽 / 6,500원

성공적인 표정이 당신을 바꾼다 마츠오 도오루 지음
홍영의 옮김 / 신국판 / 240쪽 / 7,500원

태양의 법 오오카와 류우호오 지음 / 민병수 옮김
신국판 / 246쪽 / 8,500원

영원의 법 오오카와 류우호오 지음 / 민병수 옮김
신국판 / 240쪽 / 8,000원

석가의 본심 오오카와 류우호오 지음 / 민병수 옮김
신국판 / 246쪽 / 10,000원

옛 사람들의 재치와 웃음 강형중·김경익 편저
신국판 / 316쪽 / 8,000원

지혜의 쉼터 쇼펜하우어 지음 / 김충호 엮음
4×6판 양장본 / 160쪽 / 4,300원

헤세가 너에게 헤르만 헤세 지음 / 홍영의 엮음
4×6판 양장본 / 144쪽 / 4,500원

사랑보다 소중한 삶의 의미
크리슈나무르티 지음 / 최윤영 엮음 / 신국판 / 180쪽 / 4,000원

장자-어찌하여 알 속에 털이 있다 하는가
홍영의 엮음 / 4×6판 / 180쪽 / 4,000원

논어-배우고 때로 익히면 즐겁지 아니한가
신도희 엮음 / 4×6판 / 180쪽 / 4,000원

맹자-가까이 있는데 어찌 먼 데서 구하려 하는가
홍영의 엮음 / 4×6판 / 180쪽 / 4,000원

아름다운 세상을 만드는 사랑의 메시지 365
DuMont monte Verlag 엮음 / 정성호 옮김
4×6판 변형 양장본 / 240쪽 / 9,000원

황금의 법 오오카와 류우호오 지음
민병수 옮김 / 신국판 / 320쪽 / 12,000원

왜 여자는 바람을 피우는가? 기젤라 룬테 지음
김현성·진정미 옮김 / 신국판 / 200쪽 / 7,000원

세상에서 가장 아름다운 선물 김인자 지음
국판변형 / 292쪽 / 9,000원

수능에 꼭 나오는 한국 단편 33 윤종필 엮음 및 해설
신국판 / 704쪽 / 11,000원

수능에 꼭 나오는 한국 현대 단편 소설 윤종필 엮음 및 해설
신국판 / 364쪽 / 11,000원

수능에 꼭 나오는 세계단편(영미권) 지창영 옮김
윤종필 엮음 및 해설 / 신국판 / 328쪽 / 10,000원

수능에 꼭 나오는 세계단편(유럽권) 지창영 옮김
윤종필 엮음 및 해설 / 신국판 / 360쪽 / 11,000원

건강

아름다운 피부미용법 이순희(한독피부미용학원 원장)
지음 / 신국판 / 296쪽 / 6,000원

버섯건강요법 김병각 외 6명 지음
신국판 / 286쪽 / 8,000원

성인병과 암을 정복하는 유기게르마늄
이상현 편저 / 카오 샤오이 감수 / 신국판 / 312쪽 / 9,000원

난치성 피부병 생약효소연구원 지음
신국판 / 232쪽 / 7,500원

新 방약합편 정도명 편역 / 신국판 / 416쪽 / 15,000원

자연치료의학 오홍근(신경정신과 의학박사·자연의학박사)
지음 / 신국판 / 472쪽 / 15,000원

약초의 활용과 가정한방 이인성 지음
신국판 / 384쪽 / 8,500원

역전의학 이시하라 유미 지음 / 유태종 감수
신국판 / 286쪽 / 8,500원

이순희의 순수피부미용법 이순희(한독피부미용학원 원장)
지음 / 신국판 / 304쪽 / 7,000원

21세기 당뇨병 예방과 치료법 이현철(연세대 의대 내과 교수)
지음 / 신국판 / 360쪽 / 9,500원

신재용의 민의학 동의보감 신재용(해성한의원 원장) 지음
신국판 / 476쪽 / 10,000원

치매 알면 치매 이긴다 배오성(백상한방병원 원장) 지음
신국판 / 312쪽 / 10,000원

21세기 건강혁명 밥상 위의 보약 생식 최경순 지음
신국판 / 348쪽 / 9,800원

기치유와 기공수련 윤한홍(기치유 연구회 회장) 지음
신국판 / 340쪽 / 12,000원

만병의 근원 스트레스 원인과 퇴치 김지혁(김지혁한의원 원장)
지음 / 신국판 / 324쪽 / 9,500원

김종성 박사의 뇌졸중 119 김종성 지음
신국판 / 356쪽 / 12,000원

탈모 예방과 모발 클리닉 장정훈·전재홍 지음
신국판 / 252쪽 / 8,000원

구태규의 100% 성공 다이어트 구태규 지음
4×6배판 변형 / 240쪽 / 9,900원

암 예방과 치료법 이춘기 지음
신국판 / 296쪽 / 11,000원

알기 쉬운 위장병 예방과 치료법 민영일 지음
신국판 / 328쪽 / 9,900원

이온 체내혁명 노보루 야마노이 지음 / 김병관 옮김
신국판 / 272쪽 / 9,500원

어혈과 사혈요법 정지천 지음
신국판 / 308쪽 / 12,000원

약손 경락마사지로 건강미인 만들기 고정환 지음
4×6배판 변형 / 284쪽 / 15,000원

정유정의 LOVE DIET 정유정 지음
4×6배판 변형 / 196쪽 / 10,500원

머리에서 발끝까지 예뻐지는 부분다이어트
신상만·김선민 지음 / 4×6배판 변형 / 196쪽 / 11,000원

알기 쉬운 심장병 119 박승정 지음
신국판 / 248쪽 / 9,000원

알기 쉬운 고혈압 119 이정균 지음
신국판 / 304쪽 / 10,000원

여성을 위한 부인과질환의 예방과 치료 차선희 지음
신국판 / 304쪽 / 10,000원

알기 쉬운 아토피 119 이승규·임승엽·김문호·안유일
지음 / 신국판 / 232쪽 / 9,500원

120세에 도전한다 이권행 지음
신국판 / 308쪽 / 11,000원

건강과 아름다움을 만드는 요가 정판식 지음
4×6배판 변형 / 224쪽 / 14,000원

우리 아이 건강하고 아름답게 롱다리 만들기 김성훈 지음
대국전판 / 236쪽 / 10,500원

알기 쉬운 허리디스크 예방과 치료 이송원 지음
대국전판 / 336쪽 / 12,000원

소아과 전문의에게 듣는 알기 쉬운 소아과 119 신영규·이강우·
최성항 지음 / 4×6배판 변형 / 280쪽 / 14,000원

피가 맑아야 건강하게 오래 살 수 있다 김영찬 지음
신국판 / 256쪽 / 10,000원

웰빙형 피부 미인을 만드는 나만의 셀프 피부건강
양해원 지음 / 대국전판 / 144쪽 / 10,000원

내 몸을 살리는 생활 속 웰빙 항암 식품 이승남 지음
대국전판 / 248쪽 / 9,800원

마음한글, 느낌한글 박완식 지음
4×6배판 / 300쪽 / 15,000원

웰빙 동의보감식 발마사지 10분 최미희 지음 / 신재용 감수
4×6배판 변형 / 204쪽 / 13,000원

아름다운 몸, 건강한 몸을 위한 목욕 건강 30분 임하성 지음
대국전판 / 176쪽 / 9,500원

내가 만드는 한방생주스 60 김영섭 지음
국판 / 112쪽 / 7,000원

몸을 살리는 건강식품 백은희·조창호·최양진 지음
신국판 / 384쪽 / 11,000원

건강도 키우고 성적도 올리는 자녀 건강 김진돈 지음
신국판 / 304쪽 / 12,000원

알기 쉬운 간질환 119 이관식 지음
신국판 / 264쪽 / 11,000원

밥으로 병을 고친다 허봉수 지음
대국전판 / 352쪽 / 13,500원

알기 쉬운 신장병 119 김형규 지음
신국판 / 240쪽 / 10,000원

마음의 감기 치료법 우울증 119 이민수 지음
대국전판 / 232쪽 / 9,800원

관절염 119 송영욱 지음
대국전판 / 224쪽 / 9,800원

내 딸을 위한 미성년 클리닉 강병문·이향아·최정원 지음
국판 / 148쪽 / 8,000원

암을 다스리는 기적의 치유법
케이 세이헤이 감수 / 카와키 나리카즈 지음
민병수 옮김 / 신국판 / 256쪽 / 9,000원

스트레스 다스리기 대한불안장애학회 스트레스관리연
구특별위원회 지음 / 신국판 / 304쪽 / 12,000원

천연 식초 건강법 건강식품연구회 엮음 / 신재용(해성한
의원 원장) 감수 / 신국판 / 252쪽 / 9,000원

암에 대한 모든 것 서울아산병원 암센터 지음
신국판 / 360쪽 / 13,000원

알록달록 컬러 다이어트 이승남 지음
국판 / 248쪽 / 10,000원

불임부부의 희망 당신도 부모가 될 수 있다 정병준 지음
신국판 / 268쪽 / 9,500원

키 10cm 더 크는 키네스 성장법 김양수·이종균·최형규·
표재환·김문희 지음 / 대국전판 / 312쪽 / 12,000원

당뇨병 백과 이현철·송영득·안철우 지음
4×6배판 변형 / 396쪽 / 16,000원

호흡기 클리닉 119 박성학 지음
신국판 / 256쪽 / 10,000원

키 쑥쑥 크는 롱다리 만들기 롱다리 성장클리닉 원장단
지음 / 대국전판 / 256쪽 / 11,000원

교육

우리 교육의 창조적 백색혁명 원상기 지음
신국판 / 206쪽 / 6,000원

현대생활과 체육 조창남 외 5명 공저
신국판 / 340쪽 / 10,000원

퍼펙트 MBA IAE유학네트 지음
신국판 / 400쪽 / 12,000원

유학길라잡이Ⅰ- 미국편 IAE유학네트 지음
4×6배판 / 372쪽 / 13,900원

유학길라잡이Ⅱ- 4개국편 IAE유학네트 지음
4×6배판 / 348쪽 / 13,900원

조기유학길라잡이.com IAE유학네트 지음
4×6배판 / 428쪽 / 15,000원

현대인의 건강생활 박상호 외 5명 공저
4×6배판 / 268쪽 / 15,000원

천재아이로 키우는 두뇌훈련 나카마츠 요시로 지음
민병수 옮김 / 국판 / 288쪽 / 9,500원

두뇌혁명 나카마츠 요시로 지음 / 민병수 옮김
4×6판 양장본 / 288쪽 / 12,000원

테마별 고사성어로 익히는 한자 김경익 지음
4×6배판 변형 / 248쪽 / 9,800원

生생 공부비법 이은승 지음
대국전판 / 272쪽 / 9,500원

자녀를 성공시키는 습관만들기 배은경 지음
대국전판 / 232쪽 / 9,500원

한자능력검정시험 1급 한자능력검정시험연구위원회 편저
4×6배판 / 568쪽 / 21,000원

한자능력검정시험 2급 한자능력검정시험연구위원회 편저
4×6배판 / 472쪽 / 18,000원

한자능력검정시험 3급(3급Ⅱ) 한자능력검정시험연구위원회 편저 / 4×6배판 / 440쪽 / 17,000원

한자능력검정시험 4급(4급Ⅱ) 한자능력검정시험연구위원회 편저 / 4×6배판 / 352쪽 / 15,000원

한자능력검정시험 5급 한자능력검정시험연구위원회 편저 / 4×6배판 / 264쪽 / 11,000원

한자능력검정시험 6급 한자능력검정시험연구위원회 편저
4×6배판 / 168쪽 / 8,500원

한자능력검정시험 7급 한자능력검정시험연구위원회 편저
4×6배판 / 152쪽 / 7,000원

한자능력검정시험 8급 한자능력검정시험연구위원회 편저
4×6배판 / 112쪽 / 6,000원

볼링의 이론과 실기 이택상 지음
신국판 / 192쪽 / 9,500원

고사성어로 끝내는 천자문 조준상 글·그림
4×6배판 / 216쪽 / 12,000원

내 아이 스타 만들기 김민성 지음
신국판 / 200쪽 / 9,000원

교육 1번지 강남 엄마들의 수험생 자녀 관리 황송주 지음
신국판 / 288쪽 / 9,500원

초등학생이 꼭 알아야 할 위대한 역사 상식 우진영·이양경 지음 / 4×6배판변형 / 228쪽 / 9,500원

초등학생이 꼭 알아야 할 행복한 경제 상식 우진영·전선심 지음 / 4×6배판변형 / 224쪽 / 9,500원

초등학생이 꼭 알아야 할 재미있는 과학상식 우진영·정경희 지음 / 4×6배판변형 / 220쪽 / 9,500원

한자능력검정시험 3급·3급Ⅱ 한자능력검정시험연구위원회 편저 / 4×6판 / 380쪽 / 7,500원

교과서 속에 꼭꼭 숨어있는 이색박물관 체험 이신화 지음
대국전판 / 248쪽 / 11,000원

초등학생 독서 논술(저학년) 책마루 독서교육연구회 지음
4×6배판 변형 / 244쪽 / 14,000원

초등학생 독서 논술(고학년) 책마루 독서교육연구회 지음
4×6배판 변형 / 236쪽 / 14,000원

놀면서 배우는 경제 김솔 지음
대국전판 / 196쪽 / 10,000원

취미·실용

김진국과 같이 배우는 와인의 세계
김진국 지음 / 국배판 변형양장본(올 컬러판) / 208쪽 / 30,000원

경제·경영

CEO가 될 수 있는 성공법칙 101가지 김승룡 편역
신국판 / 320쪽 / 9,500원

정보소프트 김승룡 지음 / 신국판 / 324쪽 / 6,000원

기획대사전 다카하시 겐코 지음 / 홍영의 옮김
신국판 / 552쪽 / 19,500원

맨손창업·맞춤창업 BEST 74 양혜숙 지음
신국판 / 416쪽 / 12,000원

무자본, 무점포 창업! FAX 한 대면 성공한다
다카시로 고시 지음 / 홍영의 옮김 / 신국판 / 226쪽 / 7,500원

성공하는 기업의 인간경영 중소기업 노무 연구회 편저
홍영의 옮김 / 신국판 / 368쪽 / 11,000원

21세기 IT가 세계를 지배한다 김광희 지음
신국판 / 380쪽 / 12,000원

경제기사로 부자아빠 만들기 김기태·신현태·박득수 공저 / 신국판 / 388쪽 / 12,000원

포스트 PC의 주역 정보가전과 무선인터넷 김광희 지음
신국판 / 356쪽 / 12,000원

성공하는 사람들의 마케팅 바이블 채수명 지음
신국판 / 328쪽 / 12,000원

느린 비즈니스로 돌아가라 사카모토 게이이치 지음
정성호 옮김 / 신국판 / 276쪽 / 9,000원

적은 돈으로 큰 돈 벌 수 있는 부동산 재테크 이원재 지음
신국판 / 340쪽 / 12,000원

바이오혁명 이주영 지음 / 신국판 / 328쪽 / 12,000원

성공하는 사람들의 자기혁신 경영기술 채수명 지음

신국판 / 344쪽 / 12,000원

CFO 교텐 토요오·타하라 오키시 지음 / 민병수 옮김
신국판 / 312쪽 / 12,000원

네트워크시대 네트워크마케팅 임동학 지음
신국판 / 376쪽 / 12,000원

성공리더의 7가지 조건 다이엔 트레이시·윌리엄 모건 지음 / 지창영 옮김 / 신국판 / 360쪽 / 13,000원

김종결의 성공창업 김종결 지음 / 신국판 / 340쪽 / 12,000원

최적의 타이밍에 내 집 마련하는 기술 이원재 지음
신국판 / 248쪽 / 10,500원

컨설팅 세일즈 Consulting sales 임동학 지음
대국전판 / 336쪽 / 13,000원

연봉 10억 만들기 김승주 지음 / 국판 / 216쪽 / 10,000원

주5일제 근무에 따른 한국형 주말창업 최효진 지음
신국판 변형 양장본 / 216쪽 / 10,000원

돈 되는 땅 돈 안되는 땅 김영준 지음
신국판 / 320쪽 / 13,000원

돈 버는 회사로 만들 수 있는 109가지 다카하시 도시노리 지음 / 민병수 옮김 / 신국판 / 344쪽 / 13,000원

프로는 디테일에 강하다 김미현 지음
신국판 / 248쪽 / 9,000원

머니투데이 송복규 기자의 부동산으로 주머니돈 100배 만들기
송복규 지음 / 신국판 / 328쪽 / 13,000원

성공하는 슈퍼마켓&편의점 창업 나명환 지음
4×6배판 변형 / 500쪽 / 28,000원

대한민국 성공 재테크 부동산 펀드와 리츠로 승부하라
김영준 지음 / 신국판 / 256쪽 / 12,000원

마일리지 200% 활용하기 박성희 지음
국판 변형 / 200쪽 / 8,000원

1%의 가능성에 도전, 성공 신화를 이룬 여성 CEO
김미현 지음 / 신국판 / 248쪽 / 9,500원

3천만 원으로 부동산 재벌 되기 최수길·이숙·조연희 지음
신국판 / 290쪽 / 12,000원

10년을 앞설 수 있는 재테크 노동규 지음
신국판 / 260쪽 / 11,000원

세계 최강을 추구하는 도요타 방식 나카야마 키요타카 지음 / 민병수 옮김 / 신국판 / 296쪽 / 12,000원

최고의 설득을 이끌어내는 프레젠테이션 조두환 지음
신국판 / 296쪽 / 11,000원

최고의 만족을 이끌어내는 창의적 협상 조강희·조원희 지음
신국판 / 248쪽 / 10,000원

New 세일즈 기법 물건을 팔지 말고 가치를 팔아라
조기선 지음 / 신국판 / 264쪽 / 9,500원

작은 회사는 전략이 달라야 산다 황문진 지음
신국판 / 312쪽 / 11,000원

돈되는 슈퍼마켓&편의점 창업전략(입지 편)
나명환 지음 / 신국판 / 352쪽 / 13,000원

25·35 꼼꼼 여성 재테크 정원훈 지음 / 신국판 / 224쪽 / 11,000원

주식

개미군단 대박맞이 주식투자 홍성걸(한양증권 투자분석팀 팀장) 지음 / 신국판 / 310쪽 / 9,500원

알고 하자! 돈 되는 주식투자 이길영 외 2명 공저
신국판 / 388쪽 / 12,500원

항상 당하기만 하는 개미들의 매도·매수타이밍 999% 적중 노하우
강경무 지음 / 신국판 / 336쪽 / 12,000원

부자 만들기 주식성공클리닉 이창희 지음
신국판 / 372쪽 / 11,500원

선물·옵션 이론과 실전매매 이창희 지음
신국판 / 372쪽 / 12,000원

너무나 쉬워 재미있는 주가차트 홍성무 지음
4×6배판 / 216쪽 / 15,000원

주식투자 직접 투자로 높은 수익을 올릴 수 있는 비결
김학균 지음 / 신국판 / 230쪽 / 11,000원

역학

역리종합 만세력 정도명 편저
신국판 / 532쪽 / 10,500원

작명대전 정보국 지음
신국판 / 460쪽 / 12,000원

하락이수 해설 이천교 편저
신국판 / 620쪽 / 27,000원

현대인의 창조적 관상과 수상 백운산 지음
신국판 / 344쪽 / 9,000원

대운용신영부적 정재원 지음
신국판 양장본 / 750쪽 / 39,000원

사주비결활용법 이세진 지음
신국판 / 392쪽 / 12,000원

컴퓨터세대를 위한 新 성명학대전 박용찬 지음
신국판 / 388쪽 / 11,000원

길흉화복 꿈풀이 비법 백운산 지음
신국판 / 410쪽 / 12,000원

새천년 작명컨설팅 정재원 지음
신국판 / 492쪽 / 13,900원

백운산의 신세대 궁합 백운산 지음
신국판 / 304쪽 / 9,500원

동자삼 작명학 남시모 지음 / 신국판 / 496쪽 / 15,000원

구성학의 기초 문길여 지음 / 신국판 / 412쪽 / 12,000원

소울음소리 이건우 지음 / 신국판 / 314쪽 / 10,000원

법률일반

여성을 위한 성범죄 법률상식 조명원(변호사) 지음
신국판 / 248쪽 / 8,000원

아파트 난방비 75% 절감방법 고영근 지음
신국판 / 238쪽 / 8,000원

일반인이 꼭 알아야 할 절세전략 173선 최성호(공인회계사) 지음 / 신국판 / 392쪽 / 12,000원

변호사와 함께하는 부동산 경매 최환주(변호사) 지음
신국판 / 404쪽 / 13,000원

혼자서 쉽고 빠르게 할 수 있는 소액재판 김재용·김종철 공저
신국판 / 312쪽 / 9,500원

"술 한 잔 사겠다"는 말에서 찾아보는 채권·채무 변환철(변호사) 지음 / 신국판 / 408쪽 / 13,000원

알기쉬운 부동산 세무 길라잡이 이건우(세무서 재산계장) 지음
신국판 / 400쪽 / 13,000원

알기쉬운 어음, 수표 길라잡이 변환철(변호사) 지음
신국판 / 328쪽 / 11,000원

제조물책임법 강동근(변호사)·윤종성(검사) 공저
신국판 / 368쪽 / 13,000원

알기 쉬운 주5일근무에 따른 임금·연봉제 실무
문강분(공인노무사) 지음 / 4×6배판 변형 / 544쪽 / 35,000원

변호사 없이 당당히 이길 수 있는 형사소송 김대환 지음
신국판 / 304쪽 / 13,000원

변호사 없이 당당히 이길 수 있는 민사소송 김대환 지음
신국판 / 412쪽 / 14,500원

혼자서 해결할 수 있는 교통사고 Q&A 조명원(변호사) 지음
신국판 / 336쪽 / 12,000원

알기 쉬운 개인회생·파산 신청법 최재구(법무사) 지음
신국판 / 352쪽 / 13,000원

생활법률

부동산 생활법률의 기본지식 대한법률연구회 지음
김원중(변호사) 감수 / 신국판 / 480쪽 / 12,000원

고소장·내용증명 생활법률의 기본지식 하태웅(변호사) 지음
신국판 / 440쪽 / 12,000원

노동 관련 생활법률의 기본지식 남동희(공인노무사) 지음
신국판 / 528쪽 / 14,000원

외국인 근로자 생활법률의 기본지식 남동희(공인노무사) 지음
신국판 / 400쪽 / 12,000원

계약작성 생활법률의 기본지식 이상도(변호사) 지음
신국판 / 560쪽 / 14,500원

지적재산 생활법률의 기본지식 이상도(변호사)·조의제(변리사) 공저 / 신국판 / 496쪽 / 14,000원

부당노동행위와 부당해고 생활법률의 기본지식
박영수(공인노무사) 지음 / 신국판 / 432쪽 / 14,000원

주택·상가임대차 생활법률의 기본지식
김운용(변호사) 지음 / 신국판 / 480쪽 / 14,000원

하도급거래 생활법률의 기본지식
김진흥(변호사) 지음 / 신국판 / 440쪽 / 14,000원

이혼소송과 재산분할 생활법률의 기본지식
박동섭(변호사) 지음 / 신국판 / 460쪽 / 14,000원

부동산등기 생활법률의 기본지식
정상태(법무사) 지음 / 신국판 / 456쪽 / 14,000원

기업경영 생활법률의 기본지식
안동섭(단국대 교수) 지음 / 신국판 / 466쪽 / 14,000원

교통사고 생활법률의 기본지식
박정무(변호사)·전병찬 공저 / 신국판 / 480쪽 / 14,000원

소송서식 생활법률의 기본지식
김대환 지음 / 신국판 / 480쪽 / 14,000원

호적·가사소송 생활법률의 기본지식
정주수(법무사) 지음 / 신국판 / 516쪽 / 14,000원

상속과 세금 생활법률의 기본지식
박동섭(변호사) 지음 / 신국판 / 480쪽 / 14,000원

담보·보증 생활법률의 기본지식
류창호(법학박사) 지음 / 신국판 / 436쪽 / 14,000원

소비자보호 생활법률의 기본지식
김성천(법학박사) 지음 / 신국판 / 504쪽 / 15,000원

판결·공정증서 생활법률의 기본지식
정상태(법무사) 지음 / 신국판 / 312쪽 / 13,000원

산업재해보상보험 생활법률의 기본지식
정유석(공인노무사) 지음 / 신국판 / 384쪽 / 14,000원

처 세

성공적인 삶을 추구하는 여성들에게 우먼파워 조앤 커너·모이라 레이너 공저 / 지창영 옮김 / 신국판 / 352쪽 / 8,800원

이익이 되는 말 話 손해가 되는 말 우메시마 미요 지음 / 정성호 옮김 / 신국판 / 304쪽 / 9,000원

성공하는 사람들의 화술테크닉 민영욱 지음
신국판 / 320쪽 / 9,500원

부자들의 생활습관 가난한 사람들의 생활습관
다케우치 야스오 지음 / 홍영의 옮김
신국판 / 320쪽 / 9,800원

코끼리 귀를 당긴 원숭이-히딩크식 창의력을 배우자
강충인 지음 / 신국판 / 208쪽 / 8,500원

성공하려면 유머와 위트로 무장하라 민영욱 지음
신국판 / 292쪽 / 9,500원

등소평의 오뚝이전략 조창남 편저
신국판 / 304쪽 / 9,500원

노무현 화술과 화법을 통한 이미지 변화 이현정 지음
신국판 / 320쪽 / 10,000원

성공하는 사람들의 토론의 법칙 민영욱 지음
신국판 / 280쪽 / 9,500원

사람은 칭찬을 먹고산다 민영욱 지음
신국판 / 268쪽 / 9,500원

사과의 기술 김농주 지음
국판 변형 양장본 / 200쪽 / 10,000원

취업 경쟁력을 높여라 김농주 지음
신국판 / 280쪽 / 12,000원

유비쿼터스시대의 블루오션 전략 최양진 지음
신국판 / 248쪽 / 10,000원

나만의 블루오션 전략-화술편 민영욱 지음
신국판 / 254쪽 / 10,000원

희망의 씨앗을 뿌리는 20대를 위하여 우광균 지음
신국판 / 172쪽 / 8,000원

끌리는 사람이 되기위한 이미지 컨설팅 홍순아 지음
대국전판 / 194쪽 / 10,000원

글로벌 리더의 소통을 위한 스피치 민영욱 지음
신국판 / 328쪽 / 10,000원

명상

명상으로 얻는 깨달음 달라이 라마 지음
지창영 옮김 / 국판 / 320쪽 / 9,000원

어학

2진법 영어 이상도 지음
4×6배판 변형 / 328쪽 / 13,000원

한 방으로 끝내는 영어 고제윤 지음
신국판 / 316쪽 / 9,800원

한 방으로 끝내는 영단어 김승엽 지음 / 김수경·카렌 다 감수 / 4×6배판 변형 / 236쪽 / 9,800원

해도해도 안 되던 영어회화 하루에 30분씩 90일이면 끝낸다
Carrot Korea 편집부 지음 / 4×6배판 변형 / 260쪽 / 11,000원

바로 활용할 수 있는 기초생활영 김수경 지음
신국판 / 240쪽 / 10,000원

바로 활용할 수 있는 비즈니스영어 김수경 지음
신국판 / 252쪽 / 10,000원

생존영어55 홍일록 지음
신국판 / 224쪽 / 8,500원

필수 여행영어회화 한현숙 지음
4×6판 변형 / 328쪽 / 7,000원

필수 여행일어회화 윤영자 지음
4×6판 변형 / 264쪽 / 6,500원

필수 여행중국어회화 이은진 지음
4×6판 변형 / 256쪽 / 7,000원

영어로 배우는 중국어 김승엽 지음
신국판 / 216쪽 / 9,000원

필수 여행스페인어회화 유연창 지음
4×6판 변형 / 288쪽 / 7,000원

바로 활용할 수 있는 홈스테이영어 김형주 지음
신국판 / 184쪽 / 9,000원

필수 여행러시아어회화 이은수 지음
4×6판 변형 / 248쪽 / 7,500원

레포츠

수열이의 브라질 축구 탐방 삼바 축구, 그들은 강하다
이수열 지음 / 신국판 / 280쪽 / 8,500원

마라톤, 그 아름다운 도전을 향하여
빌 로저스·프리실라 웰치·조 헨더슨 공저 / 오인환 감수
/ 지창영 옮김 4×6배판 / 320쪽 / 15,000원

퍼팅 메커닉 이근택 지음
4×6배판 변형 / 192쪽 / 18,000원

아마골프 가이드 정영호 지음
4×6배판 변형 / 216쪽 / 12,000원

인라인스케이팅 100%즐기기 임미숙 지음
4×6배판 변형 / 172쪽 / 11,000원

배스낚시 테크닉 이종근 지음
4×6배판 / 440쪽 / 20,000원

나도 디지털 전문가 될 수 있다!!! 이승훈 지음
4×6배판 / 320쪽 / 19,200원

스키 100% 즐기기 김동환 지음
4×6배판 변형 / 184쪽 / 12,000원

태권도 총론 하웅건 지음
4×6배판 / 288쪽 / 15,000원

건강하고 아름다운 동양란 기르기 난마을 지음
4×6배판 변형 / 184쪽 / 12,000원

수영 100% 즐기기 김종만 지음
4×6배판 변형 / 248쪽 / 13,000원

애완견114 황양원 엮음
4×6배판 변형 / 228쪽 / 13,000원

건강을 위한 웰빙 걷기 이강옥 지음
대국전판 / 280쪽 / 10,000원

우리 땅 우리 문화가 살아 숨쉬는 옛터 이형권 지음
대국전판 올컬러 / 208쪽 / 9,500원

아름다운 산사 이형권 지음
대국전판 올컬러 / 208쪽 / 9,500원

골프 100타 깨기 김준모 지음
4×6배판 변형 / 136쪽 / 10,000원

쉽고 즐겁게! 신나게! 배우는 재즈댄스 최재선 지음
4×6배판 변형 / 200쪽 / 12,000원

맛과 멋이 있는 낭만의 카페 박성찬 지음
대국전판 올컬러 / 168쪽 / 9,900원

한국의 숨어 있는 아름다운 풍경 이종원 지음
대국전판 올컬러 / 208쪽 / 9,900원

사람이 있고 자연이 있는 아름다운 명산 박기성 지음
대국전판 올컬러 / 176쪽 / 12,000원

마음의 고향을 찾아가는 여행 포구 김인자 지음
대국전판 올컬러 / 224쪽 / 14,000원

골프 90타 깨기 김광섭 지음
4×6배판 변형 / 148쪽 / 11,000원

생명이 살아 숨쉬는 한국의 아름다운 강 민병준 지음
대국전판 올컬러 / 168쪽 / 12,000원

틈나는 대로 세계여행 김재관 지음
4×6배판 변형 올컬러 / 368쪽 / 20,000원

KLPGA 최여진 프로의 센스 골프 최여진 지음
4×6배판 변형 올컬러 / 192쪽 / 13,000원

해양스포츠 카이트보딩 김남용 편저
신국판 올컬러 / 152쪽 / 18,000원

KTPGA 김준모 프로의 파워 골프 김준모 지음
4×6배판 변형 / 192쪽 / 13,900원

골프 80타 깨기 오태훈 지음
4×6배판 변형 / 132쪽 / 10,000원

신나는 골프 세상 유응열 지음
4×6배판 변형 올컬러 / 232쪽 / 16,000원

풍경 속을 걷는 즐거움 명상 산책 김인자 지음
대국전판 올컬러 / 224쪽 / 14,000원

이신 프로의 더 퍼펙트 이신 지음
국배판 / 336쪽 / 28,000원

주니어 출신 박영진 프로의 주니어 골프 박영진 지음
4×6배판 변형 올컬러 / 164쪽 / 11,000원

골프손자병법 유응열 지음
4×6배판 변형 올컬러 / 212쪽 / 16,000원

3.3.7 세계여행 김완수 지음
4×6배판 변형 올컬러 / 280쪽 / 12,900원

박영진 프로의 주말 골퍼 100타 깨기 박영진 지음
4×6배판 변형 올컬러 / 160쪽 / 12,000원

여성·실용

결혼 준비, 이제 놀이가 된다 김창규·김수경·김정철 지음
4×6배판 변형 / 230쪽 / 13,000원

박영진 프로의
주말 골퍼 100타 깨기

2007년 11월 5일 제1판 1쇄 발행
2009년 9월 20일 제1판 2쇄 발행

지은이/박영진
펴낸이/강선희
펴낸곳/가림출판사

등록/1992. 10. 6. 제4-191호
주소/서울시 광진구 구의동 57-71 부원빌딩 4층
대표전화/458-6451 팩스/458-6450
홈페이지 http://www.galim.co.kr
e-mail galim@galim.co.kr

값 12,000원

ⓒ 박영진, 2007

저자와의 협의하에 인지를 생략합니다.

불법복사는 지적재산을 훔치는 범죄행위입니다.
저작권법 제97조의 5(권리의 침해죄)에 따라 위반자는 5년 이하의 징역
또는 5천만 원 이하의 벌금에 처하거나 이를 병과할 수 있습니다.

ISBN 978-89-7895-278-1 03690

가림출판사·가림M&B·가림Let's의 홈페이지(http://www.galim.co.kr)에 들어오시면 가림출판사·가림M&B·가림Let's의 신간도서 및 출간 예정 도서를 포함한 모든 책들을 만나실 수 있습니다.
온라인 서점을 통하여 직접 도서 구입도 하실 수 있으며 가림 홈페이지 내에서 전국 대형 서점들의 사이트에 링크하시어 종합 신간 안내 및 각종 도서 정보, 책과 관련된 문화 정보를 받아보실 수 있습니다.
또한 홈페이지 방문시 회원으로 가입하시면 신간 안내 자료를 보내드립니다.